我国体育用品本土品牌建设
——基于产业价值链视角

Our country sporting goods brands contruction based on the perspective of industry value chair

李建军 著

经济管理出版社
ECONOMY & MANAGEMENT PUBLISHING HOUSE

图书在版编目（CIP）数据

我国体育用品本土品牌建设：基于产业价值链视角/李建军著. —北京：经济管理出版社，2018.12
　ISBN 978-7-5096-5827-7

Ⅰ.①我⋯　Ⅱ.①李⋯　Ⅲ.①体育产业—产业发展—品牌战略—研究—中国　Ⅳ.①G812

中国版本图书馆 CIP 数据核字（2018）第 109009 号

组稿编辑：王光艳
责任编辑：李红贤
责任印制：黄章平
责任校对：赵天宇

出版发行：经济管理出版社
　　　　　（北京市海淀区北蜂窝 8 号中雅大厦 A 座 11 层　100038）
网　　址：www.E-mp.com.cn
电　　话：(010) 51915602
印　　刷：北京玺诚印务有限公司
经　　销：新华书店
开　　本：720mm×1000mm/16
印　　张：12.75
字　　数：215 千字
版　　次：2019 年 4 月第 1 版　2019 年 4 月第 1 次印刷
书　　号：ISBN 978-7-5096-5827-7
定　　价：58.00 元

·版权所有　翻印必究·
凡购本社图书，如有印装错误，由本社读者服务部负责调换。
联系地址：北京阜外月坛北小街 2 号
电话：(010) 68022974　　邮编：100836

前 言

当今世界，经济实力是衡量国家强弱的一个重要指标，而评价一个国家经济实力的重要标准之一就是：品牌实力与品牌价值。我国是体育用品生产大国，世界体育用品市场65％的产品由中国制造；但中国并非体育用品强国，世界体育用品的高端市场长期被国外知名品牌如耐克和阿迪达斯等霸占，我国体育用品本土品牌所占份额非常低。没有品牌力，就没有竞争力，中国本土体育用品品牌一直是廉价的代名词。长远来看，一个国家不可能凭借在全球市场上出售廉价产品而变得真正强大，一个国家只有依靠在全球市场上创建强大的品牌才能真正强大。我国要从体育用品的"制造大国"转变成"制造强国"，唯有我国的本土体育用品企业提高品牌建设水平，打造具有国际竞争力的体育用品强势品牌。因此，进行体育用品品牌建设不仅具有现实意义，也是我国经济结构转型升级和构建国际竞争力的大势所趋。

本书在文献研究基础上，结合体育用品品牌建设的理论与实践，根据体育用品品牌建设的主要要素和一般性建设流程，构建了以产业价值链为主线，以品牌建设参与者为主体，以品牌建设要素指标为内容的体育用品品牌建设的"三位一体"互动机理框架模型，并阐释了这一框架模型的运行机制。进而分析了我国体育用品本土品牌建设的机理和建设路径。在具体的研究过程中，主要采用了实地调研法、问卷调查法和访谈法、实证分析法和产业价值链分析法等研究方法对我国体育用品本土品牌建设进行了深入研究。

本书从体育用品产业价值链视角，运用规范研究和实证研究方法，对我国体育用品本土品牌建设这一课题进行深入探索，主要得出以下研究成果：（1）对相关概念的内涵进行了厘清。在中外学者已有研究的基础上，对产业链、价值链、产业价值链、体育用品及体育用品品牌等概念进行了重新界定，厘清了这些概念在特定环境背景下的内涵与外延。（2）体育用品本土品牌建设要素指标体系包括5六类15个操作指标；五大类要素为：体育用品品牌知名度、品牌联想、质量与品质认知、价格适中度和品牌忠诚度。（3）构建了以产业价值链为主线，以品牌建设参与者为主体，以品牌建设要素指标为内容的体育用品品牌建设的"三位一体"互动机理框架模型。这一模型指明了体育用品品牌建设的基础和方向，明确了体育用品品牌建设的相关主体，阐明了体育用品品牌建设的内容及其建设路径，为体育用品本土品牌建设提供了有益的理论指导。（4）体育用品产业价值链的各环节与体育用品品牌的知名度、美誉度、品牌联想、质量与品质认知、价格适中度和品牌忠诚等品牌建设要素具有很强的相关性。体育用品品牌建设主体与产业价值链的链环主体具有高度重叠性，主要包括体育用品企业、政府及相关部门、体育用品行业组织、经销商和终端销售渠道商。（5）产业价值链除了具有一般性产业链的产业功能和价值创造递送功能外，其品牌性功能也是非常突出的，即产业价值链在体育用品品牌建设中具有重要的促进作用和保障功能。产业价值链的品牌性功能主要包括：质量安全保障功能、价值传递和提升功能、消费引导功能、质量品质认知性功能和品牌联想功能等。（6）体育用品产业价值链的运行机制主要包括信任契约机制、沟通协调机制、利益分配与风险共担机制、竞争谈判机制和监督激励机制等，体育用品产业价值链依靠这些机制共同作用，推动着整个产业链的健康运行。（7）本土体育用品品牌资产创建的路径主要有：通过选择具有本土特色的品牌元素创建品牌资产；通过策划具有中国特色的营销方案创建品牌资产；通过策划具有本土特色的整合营销传播组合创建品牌资产；通过选择具有本土特色的次级杠杆创建品牌资产。

根据前述研究，结合我国体育用品本土企业的品牌建设实际，以"打造强势品牌、创建名牌、增强本土品牌的国际竞争力"为目标，从体育用品本土企业、政府、体育用品行业组织和渠道分销商四个品牌建设主体角度，提出体育用品本土品牌建设的对策建议。（1）体育用品本土企业提高品牌建设水平的对策建议：①制定品牌建设战略规划，明确品牌定位；②塑造独特的品牌个性和良好的品牌形象；③加强研发设计和技术创新，提升品牌产品的质量与品质；④根据市场供求动向，建立科学合理的定价和调价机制；⑤构建良性互动的品牌—消费者关系质量，提升本土企业的品牌资产。（2）政府促进体育用品本土品牌建设的对策建议：①加强引导并监督体育用品标准化建设，健全和完善品牌服务体系；②增加政府对本土品牌建设的财政投入，加大对本土企业的扶持力度；③扶持本土企业开拓国际市场、扩大我国品牌体育用品的影响；④加大政府对体育用品本土品牌保护的力度。（3）加强体育用品行业组织（协会）在品牌建设中的作用：①强化体育用品行业组织在本土品牌建设中的行业环境规范治理作用；②加强体育用品行业组织在本土品牌建设中的信息服务作用；③加强体育用品行业组织在创建名牌战略中的平台支持作用。（4）促进渠道分销商（经销商和终端销售渠道商）进行体育用品品牌建设的对策建议：①加大对渠道经销商的教育培训力度，强化品牌建设意识，提高品牌建设能力；②变革传统分销渠道的组织形式，完善体育用品生产供应体系。

  本书总体上分为六个主要部分。第一部分重点阐述本书的选题缘由、目的和方法，指出本书的创新之处。第二部分对产业价值链、体育用品品牌及体育用品品牌建设等几个研究中涉及的概念的相关文献进行梳理、归纳和总结。第三部分在剖析产业价值链内在结构的基础上，构建了基于产业价值链的体育用品本土品牌建设框架模型。第四部分分析了基于产业价值链的体育用品品牌建设框架模型的运行机理机制。第五部分剖析了我国体育用品本土品牌资产的建设机理和路径。第六部分是结论与讨论。在前面理论研究、实证研究和案例研究的基础上得出了一些基本研究结论，并针对各建设主体提出品牌建设的对策建议；指出本书的局限性和未来研究方向。

目 录

第一章 导 论 ………………………………………………………… 1

 第一节 研究背景、目的与意义 ……………………………………… 1
  一、研究背景 …………………………………………………… 1
  二、研究目的 …………………………………………………… 6
  三、研究意义 …………………………………………………… 7
 第二节 研究思路、内容与方法 ……………………………………… 9
  一、研究思路 …………………………………………………… 9
  二、研究内容 …………………………………………………… 11
  三、研究方法 …………………………………………………… 12
  四、本书创新点 ………………………………………………… 13

第二章 产业价值链及体育用品本土品牌的基础研究 ……………… 16

 第一节 产业链、价值链与产业价值链 …………………………… 16
  一、产业链与价值链 …………………………………………… 16
  二、产业价值链 ………………………………………………… 21
 第二节 品牌含义、特征及作用 …………………………………… 24
  一、品牌的含义 ………………………………………………… 24
  二、品牌的特征 ………………………………………………… 27
  三、品牌的作用 ………………………………………………… 29
 第三节 体育用品本土品牌建设 …………………………………… 33
  一、体育用品含义界定 ………………………………………… 34

二、体育用品的特征及分类 ………………………………………… 35
　　三、体育用品本土品牌建设 ………………………………………… 37

第三章　体育用品本土品牌建设框架及模型构建 ……………………… 39
　第一节　体育用品本土品牌建设的要素 …………………………… 39
　　一、体育用品品牌建设要素的研究视角 …………………………… 40
　　二、体育用品品牌建设要素指标体系探讨 ………………………… 42
　第二节　体育用品本土品牌建设主体 ……………………………… 51
　　一、体育用品本土品牌的建设主体 ………………………………… 52
　　二、体育用品本土品牌建设各主体的职能 ………………………… 54
　　三、体育用品品牌建设各主体间的关系 …………………………… 66
　第三节　体育用品本土品牌建设流程 ……………………………… 70
　　一、体育用品品牌规划阶段 ………………………………………… 70
　　二、体育用品品牌创立阶段 ………………………………………… 77
　　三、体育用品品牌培育阶段 ………………………………………… 81
　　四、体育用品品牌扩张阶段 ………………………………………… 82
　第四节　体育用品本土品牌建设框架模型的构建 ………………… 86
　　一、体育用品产业价值链模式及其结构 …………………………… 86
　　二、体育用品品牌建设要素与产业价值链的关联性分析 ………… 91
　　三、体育用品品牌建设框架模型的构建 …………………………… 97

第四章　体育用品品牌建设模型的运行 ………………………………… 100
　第一节　体育用品品牌建设模型的运行主体
　　　　　——产业价值链主体 ……………………………………… 100
　　一、体育用品企业或者其他相关企业 …………………………… 100
　　二、政府及其相关部门 …………………………………………… 102
　　三、体育用品行业组织 …………………………………………… 102
　　四、渠道分销商 …………………………………………………… 103
　第二节　体育用品品牌建设模型的运行动能
　　　　　——体育用品品牌的作用 ………………………………… 104
　　一、体育用品品牌对消费者的作用 ……………………………… 104
　　二、体育用品品牌对体育用品企业的作用 ……………………… 107

三、体育用品品牌对渠道分销商的作用 …………………………………… 109
　　四、体育用品品牌对政府的作用 …………………………………………… 110
第三节　体育用品品牌建设模型运行保障
　　　　——产业价值链的品牌性功能 ……………………………………… 112
　　一、质量安全保障功能 ……………………………………………………… 112
　　二、价值传递与提升功能 …………………………………………………… 113
　　三、消费引导功能 …………………………………………………………… 114
　　四、品质认知与识别功能 …………………………………………………… 115
　　五、品牌联想功能 …………………………………………………………… 115
第四节　体育用品品牌建设模型运行机制
　　　　——产业价值链机制 ………………………………………………… 116
　　一、体育用品产业价值链的信任契约机制 ………………………………… 117
　　二、体育用品产业价值链的沟通协调机制 ………………………………… 117
　　三、体育用品产业价值链的利益分配与风险共担机制 …………………… 118
　　四、体育用品产业价值链的竞争谈判机制 ………………………………… 119
　　五、体育用品产业价值链的监督激励机制 ………………………………… 120

第五章　体育用品本土品牌创建机理及路径 …………………………………… 121

第一节　创建体育用品本土品牌的机理 ………………………………………… 121
　　一、创建强势品牌 …………………………………………………………… 121
　　二、创建强势体育用品品牌的机理分析 …………………………………… 124
第二节　选择品牌元素创建体育用品本土品牌 ………………………………… 126
　　一、品牌元素概述 …………………………………………………………… 126
　　二、利用品牌元素创建体育用品本土品牌 ………………………………… 132
　　三、相关注意事项 …………………………………………………………… 135
第三节　设计营销方案创建体育用品本土品牌 ………………………………… 137
　　一、营销方案设计概述 ……………………………………………………… 137
　　二、设计营销方案创建体育用品本土品牌 ………………………………… 139
　　三、相关注意事项 …………………………………………………………… 142
第四节　整合营销传播创建体育用品本土品牌 ………………………………… 144
　　一、整合营销传播概述 ……………………………………………………… 144
　　二、利用整合营销传播创建体育用品本土品牌 …………………………… 146

三、相关注意事项 ··· 148

第五节　利用次级品牌杠杆创建体育用品本土品牌 ·············· 150

　　一、次级品牌杠杆概述 ··· 151

　　二、利用次级品牌杠杆创建体育用品本土品牌 ············· 153

　　三、相关注意事项 ··· 155

第六章　研究结论与对策建议 ··· 157

第一节　主要研究结论 ··· 157

　　一、厘清相关概念的内涵 ··· 157

　　二、确定体育用品本土品牌建设的要素指标 ················ 158

　　三、剖析体育用品产业价值链的结构、
　　　　品牌性功能及其运行机制 ································· 159

　　四、分析体育用品品牌建设主体及品牌对各
　　　　建设主体的作用 ·· 160

　　五、构建体育用品品牌建设"三位一体"的
　　　　梯度框架模型 ··· 161

　　六、阐释基于产业价值链的体育用品品牌建设
　　　　模型的运行机制机理 ······································· 161

　　七、剖析体育用品本土品牌资产创建的机理及其路径 ····· 162

第二节　体育用品本土品牌建设的对策建议 ······················· 162

　　一、体育用品本土企业提高品牌建设水平的对策建议 ····· 162

　　二、政府促进体育用品本土品牌建设的对策建议 ·········· 169

　　三、加强体育用品行业组织（协会）在品牌
　　　　建设中的作用 ··· 172

　　四、促进渠道分销商进行体育用品品牌建设的对策建议 ·· 173

第三节　本研究局限性与未来研究方向 ····························· 175

　　一、本研究的局限性 ·· 175

　　二、未来研究的方向 ·· 175

参考文献 ··· 177

附录　体育用品本土品牌建设要素研究调查问卷 ··············· 188

第一章

导　论

第一节　研究背景、目的与意义

一、研究背景

当今世界，经济实力是衡量一个国家强弱的一个重要指标，而一个国家经济实力的重要标准之一就是：品牌实力与品牌价值。我国是体育用品生产大国，世界体育用品市场65%的产品由中国制造；但中国并非体育用品强国，世界体育用品的高端市场长期被国外知名品牌如耐克和阿迪达斯等霸占，我国体育用品本土品牌所占份额非常低。没有品牌力，就没有竞争力，中国本土体育用品品牌一直是廉价的代名词。长远来看，一个国家不可能凭借在全球市场上出售廉价产品而变得真正强大，一个国家只有依靠在全球市场上创建强大的品牌才能真正强大。我国要从体育用品的"制造大国"转变成"制造强国"，唯有我国的本土体育用品企业提高品牌建设水平，打造具有国际竞争力的体育用品强势品牌。因此，进行体育用品品牌建设不仅具有现实意义，也是我国经济结构转型升级和构建国际竞争力的大势所趋。本书以剖析体育用品产业价值链为逻辑起点，从价值

我国体育用品本土品牌建设

链视角来考察体育用品的产业链,分析体育用品品牌建设主体在产业价值链的各环节活动中如何为消费者创造并递送更多有效价值。基于产业价值链的体育用品品牌建设,不仅能有效提升品牌的美誉度和消费者对品牌的质量认知,引导目标市场消费者对品牌的正向联想,而且也能有效地塑造品牌个性和品牌形象,改善和提升品牌与消费者之间的关系质量,为我国体育用品本土企业带来更多的品牌溢价,从而大大增加我国体育用品本土品牌在国际市场中的竞争优势。选择这一主题进行研究主要基于以下几个方面原因。

(一) 提高体育用品质量与品质水平需要体育用品品牌

产品是品牌的载体,产品的质量与品质水平是品牌的基础。体育用品质量与品质是消费者选购体育用品时首先看重的指标。由于产品质量与品质往往具有隐蔽性,而品牌正是消费者识别产品质量与品质状况的最佳标识。体育用品的质量与品质问题不仅关乎购买者的经济利益,有时甚至关乎使用者的人身安全。一旦体育用品的质量出问题,对其品牌的美誉度和质量认知均有极负面的影响,最后导致品牌资产大幅下降。

随着生活水平的提高和消费观念的变化,消费者购买体育用品更加看重产品品质,忽视产品研发和创新,产品的专业性功能不强,缺乏品牌个性和品牌文化附加值的同质化产品,即产品品质不高的产品将得不到消费者的青睐。李宁公司日益重视其产品专业性开发,强调适合具体应用场合的功能特性。就像在篮球鞋领域,耐克的品牌有气垫技术作为支撑,李宁在发展跑鞋的过程中,强调"李宁弓"技术对品牌的支撑。因此,要打造具有国际竞争力的强势品牌,本土企业必须努力提高体育用品的质量和品质水平,也才能真正体现品牌是"质量与品质"的符号与标识的品牌性功能。

从剖析体育用品产销一体的产业价值链结构入手,促进产业价值链中各产业环节主体以创建强势品牌为目标,强化对各产销环节的质量与品质监控,为消费者创造并递送有效价值,使体育用品的质量与品质得到有效保障,是体育用品品牌构建的坚实品质基础,从而使体育用品品牌成为体育用品质量与品质保障的标志和代名词。通过体育用品品牌建设赋予体育用品应有的属性标志,有利于消费者选择高质量、高品质的产品,降低消费者选择成本,从而拥有更多的忠诚消费者。因此，激发我国体育用品产业价值链各链环主体重视品牌建设，提高体育用品本土品牌的质量与品质，有利于增强本土体育用品品牌竞争力。

（二）体育产业发展与消费升级为我国体育用品本土品牌发展带来了大好机遇

随着我国经济社会发展与产业结构的转型升级，体育产业在整个国民经济体系的地位越来越重要，体育产业逐步由经济增长点转变为经济发展的支柱性产业。2015 年，我国体育产业增加值超过 4700 亿元人民币，而其中的 79% 是由体育用品行业贡献。特别是随着国家相继推出多项支持体育产业发展的政策，政策红利持续显现，更加有效地促进了体育产业的发展。根据国务院 2014 年 10 月出台的《关于加快发展体育产业促进体育消费的若干意见》，明确提出："到 2025 年，体育产业规模达 5 万亿元，基本建立布局合理、功能完善、门类齐全的体育产业体系，提高群众体育健身和消费意识，参与体育锻炼的人数达到 5 亿。"体育产业的快速发展为我国体育用品本土品牌发展带来了前所未有的机遇。我国体育用品行业在经历了 2011~2014 年的低迷时期后，从 2014 年开始，随着我国政府出台关于体育产业发展的利好政策和对体育消费的大力扶持，我国本土体育用品企业纷纷走出低谷，迎来了体育用品行业新发展的"黄金十年"。

随着人们收入水平的提高，同时追求健康生活的理念更加深入人心，全民参与体育的热情与日俱增，体育用品的社会消费需求也发生重大变化。对于国内消费者，运动生活方式随消费升级在发生显著变化，并向成熟体育市场迈进，典型特征是，功能性为主的专业运动需求逐步增加，并引发本土品牌在产品创新上的新趋势。消费观念的变化促使消费者更关注内在的体验，关注自己在形体、情绪、知识上的参与感及所得，而不再是外在的商品、服务或单纯的品牌知名度。在这样的消费文化下，企业在品牌建设上要强调"环绕着消费者，创造出值得消费者回忆的活动和感受，取得消费者的心理认同"，体育用品品牌的内涵日益从"强调品质和功能"转向"强调价值观和个性体验"。

因此，在我国已进入全面建成小康社会的历史新阶段，在体育产业大发展和消费观念及结构全面升级的背景下，给我国体育用品产业大发展带来了新机遇，同时也对体育用品的品牌建设提出了新挑战。人们在购买体育用品时，不仅注重品牌知名度、品质质量和美誉度，更看重品牌反映的价值观和带给他们的体验价值。品牌文化带给消费者的精神收益，是消费水平提高后的必然要求。因此，我国体育用品本土企业只有扎实有效地推进品牌建设，打造具有国际竞争力的强势品牌，才能把握由于体育产业大发展和消费全面升级带来的体育用品行业大发展的黄金时代。

（三）品牌化成为体育用品国际贸易竞争和提高国际竞争力的重要手段

品牌是消费者识别体育用品品质的最重要标志，也是体育用品市场竞争的有力武器。凯文·凯勒（2014）认为，随着企业间竞争的日益加剧，产品同质化时代已经到来，品牌成为引导顾客识别和辨认不同厂家和销售商的产品和服务，使之与竞争对手相区别的唯一利器，它是比企业产品更重要和更长久的无形资产与核心竞争力[①]。我国是世界体育用品生产大国，却不是强国，更不是体育用品品牌大国，在国际体育用品市场上的"市场地位"较弱。长期以来，无论在国内还是国外的体育用品高端市场，均被外资品牌所统治，我国体育用品本土品牌只能在二、三线甚至更低级的市场上苦苦挣扎。即使我国本土体育用品企业要进入高端市场，也是通过兼并收购或其他方式借助国外品牌进入，似乎本土品牌注定在低端市场。

全球化的进程加速了各个区域市场的开放，而信息技术的发展改变了人们的沟通方式，全球性文化交流的频繁，加速了消费文化的融合与趋同。尤其是21世纪以来，以运动和娱乐为载体的、以强调自我和彰显个性为主体的文化观念，越来越成为全球性的消费文化。这种进程加速了全球性品牌对区域性品牌的替代。在此背景下，我国体育用品能否在市场竞争中取得竞争优势，在很大程度上还要看体育用品的牌子有多硬。从这种意义上说，今后在国际体育用品市场的竞争就是品牌与品牌的竞争，品牌化已经成为体育用品国际贸易竞争和提高国际竞争力的重要手段。只有拥有被国际目标市场消费者认可的品牌，才能在竞争激烈的国际市场占有一席之地。

---

① 凯文·凯勒. 战略品牌管理［M］. 吴水龙，何云译. 北京：中国人民大学出版社，2014.

（四）我国体育用品本土品牌建设实践呼唤相关理论作指导

体育用品品牌化是世界体育用品产业发展的重要内容之一，但长期以来，我国体育用品本土品牌建设处在模仿和跟随阶段，品牌建设的滞后使本土企业在市场竞争中往往处于被动地位。以耐克和阿迪达斯等代表的外资品牌进入中国，首先立足于品牌建设而不是销售增长；外资体育用品品牌具有长期战略计划，先占有品牌的制高点，他们的策略是先占住一级市场，再向二、三级市场俯冲。与国外品牌不同，早期的本土体育用品企业的经营不是围绕品牌建设来展开，更多是围绕销量提升和市场占有来展开，营销上的核心策略是"销售网络建设"。安踏是其中的典型，安踏集中在外资品牌与国内强势品牌相对薄弱的三、四级市场发展，尤其是县级市场和发达地区的乡级市场，采用"一县一户"的渠道设置方式，降低销售重心，深耕区域市场；安踏在门店建设策略上，注重引导和强迫经销商在终端数量和终端规模上超过所有竞争对手，成为区域市场第一。随后利用"明星代言＋央视广告"、赞助赛事活动、捐赠教育贫困等方式，提升了知名度和美誉度。

其次，随着消费观念的变化和体验经济的兴起，体育用品市场的消费文化进入了时尚化和体验化阶段，消费者首先是按照品牌而不是按照功能或价格来做出购买决策。消费者更关注内在的体验，关注自己在形体、情绪、知识上的参与感及所得，而不再是外在的商品、服务或单纯的品牌知名度。在这样的消费文化下，企业在品牌建设上要强调"环绕着消费者，创造出值得消费者回忆的活动和感受，取得消费者的心理认同"；企业应该更注重研究消费者的价值观，理解消费者的购买和使用过程的体验。本土企业缺少对体验经济的理解，但在形式上的模仿也算起到了一定效果。首先，本土企业跟随外资品牌做"亲近消费者"的事件营销，尤其是赞助青少年赛事，例如街头篮球赛、极限运动挑战赛，等等。然后是提升品牌内涵的努力，尤其是广告语和广告内容的改变颇为不易，安踏不再是"我选择我喜欢"这样的平铺直叙，变成了更有感染力的"keep moving"；李宁不再是"我运动我存在"或"出色源自本色"这样的自恋，变成了更能引起认同感的"一切皆有可能"。虽然我国体育用品本土企业模仿和跟随外资品牌建设中取得了一些成绩，但是，我国体育用品本土企业要在今后的市场中获得竞争优势，就应该探索一套适合企业自身实际的品牌建设理论作指导。

解决这些矛盾和问题，急待有先进的理论作指导。直到目前，很少有人对体育用品品牌，特别是对体育用品品牌建设及其价值管理作较系统的研究；从产业价值链结构的视角来阐述体育用品品牌创建及其价值管理的理论尚未形成。正是基于以上实际情况和背景，才选择这一课题进行研究。

二、研究目的

在现有体育用品品牌的研究文献中，学者们主要侧重研究：体育用品品牌建设现状及存在问题、体育用品品牌建设战略与策略、体育用品品牌营销传播、体育用品品牌竞争力及国际化等；从剖析产业价值链结构视角出发，研究体育用品本土品牌建设的研究成果不多。体育用品产业是体育产业中的重要组成部分，品牌是体育用品产业发展的重要保证和动能。在体育用品市场中，消费者不仅关注体育用品的质量与品质状况，而且越来越关注自身在形体、情绪、知识上的参与感及所得，追求自身与品牌传导的价值诉求与文化认同。因此，只有从体育用品产业价值链出发，产业价值链的各链环主体协同合作、共同努力，为消费者创造和递送更多的有效价值，才能真正改善品牌与消费者之间的关系质量，提升体育用品的品牌资产。只有这样，才能既保证体育用品品牌的"品"，即体育用品的质量和品质；又能打出体育用品品牌的"牌"，即体育用品的美誉度、品牌个性、品牌形象和品牌文化，我国体育用品本土品牌的国际竞争力也能够得到大幅提高。因此，从剖析产业价值链结构的视角，来探索体育用品本土品牌建设的运行机理、运行规律及品牌建设策略与方法更具理论意义和现实价值。本书的具体目的包括以下内容：

第一，厘清体育用品品牌建设的相关概念及其关系，丰富体育用品品牌建设理论，解决目前体育用品品牌建设研究中相关概念的内涵和外延模糊不清的问题。

第二，分析体育用品产业价值链的结构及其运行机制，探寻基于产业价值链视角的体育用品品牌建设的各链环节主体及其职能，谨防体育用品品牌建设中责任主体缺位、越位和错位等现象。

第三，对体育用品产业价值链的品牌性功能及其与体育用品品牌建设的关联性进行深入剖析，从产业价值链的质量品质保障功能、价值传递和提升功能、消费引导功能、品质认知性功能和品牌联想功能等品牌性功能入手，探索基于产业价值链的视角进行体育用品品牌建设的内在规律与策略。

第四，构建体育用品本土品牌建设的框架模型，深入探索体育用品本土品牌建设主体、要素、内容、阶段、机理与路径等问题，帮助体育用品品牌建设主体认清品牌建设各阶段的工作重点，指导体育用品本土品牌建设的实践工作。

第五，分析我国体育用品本土品牌建设产业价值链中各链环主体的行为状况，了解各链环主体进行品牌建设中存在的问题和深层原因，提出有针对性的对策建议，为体育用品本土企业和政府相关部门的品牌建设决策行为提供理论支持，为其他各链环主体的品牌建设实践提供理论指导。

三、研究意义

随着我国社会经济的发展和生活水平的不断提高，体育消费也随之勃兴，体育产业也得到长足发展。2014年，全国体育产业总规模就已经超过1.35万亿元，实现增加值4041亿元，占当年国内生产总值的0.64%，2011~2014年，体育产业增加值年均增长率为12.74%，凸显出成为国民经济新兴产业的巨大潜力①。体育用品产业是体育产业的重要组成部分，2014年，中国体育用品行业增加值达到2418亿元，同比增长15.89%，这是自2011年以来体育用品行业首次实现两位数增长②。而进一步促进体育用品产业的发展，核心问题是要加强品牌建设，构建强势品牌，提升我国体育用品本土品牌的国际竞争力。

自20世纪90年代以来，我国体育用品本土品牌建设逐渐兴起，如李宁、安踏、361°、匹克等体育用品本土品牌不断涌现，这些本土品牌不仅满足了人们对体育用品消费的需求，促进了地方经济发展，而且通过赞助、捐赠等多种形式支持中国体育事业的发展。然而，我国体育用品本土品牌建设中也存在种种问题，

---

① 国家体育总局. 体育产业发展"十三五"规划. 2015，7.
② 中国体育用品行业发展回顾与市场前景预测（2016 - 2021），中国产业调研网.

例如 2016 年 12 月，被最高人民法院判定"乔丹体育"的商标损害了美国球星迈克尔·乔丹的姓名权，违反了商标法，"乔丹体育"这个经营了十多年的商标被给予撤销。早在体育用品产业发展初期，我国很多的体育用品品牌与乔丹体育一样，靠山寨和仿冒谋求一些发展，出现了诸如耐克王、阿迪王、LI-MING 等品牌。近年来，网络营销和电商的不断发展，我国体育用品本土品牌的实体销售渠道受到很大冲击，加之品牌建设相对滞后，境外体育用品品牌不断蚕食本土品牌的市场份额，企业业绩和品牌形象受到很大的影响。因此，加强我国体育用品本土品牌建设，提升本土品牌的国际竞争力和增强竞争优势显得尤为迫切。直面体育用品产业发展面临的严峻形势，顺应行业发展的趋势，从产业价值链视角，以我国体育用品本土品牌建设为研究对象的研究具有重要的理论意义和现实价值。

（一）理论意义

本书作为一个跨学科的交叉研究成果，既丰富了市场营销学和品牌管理学的理论内容，对体育产业学也是一个有益的扩展。本书的理论贡献及学术价值主要体现在以下几方面。

第一，本书在一个研究框架下把产业价值链理论与品牌（资产）理论有机结合，实现了学科理论与实践活动相结合，不同学科理论体系的融合，对产业链、价值链理论及品牌（资产）理论都有丰富作用。

第二，本书在深入剖析体育用品产业价值链内在结构及体育用品品牌建设的要素抓手、运行机理和建设流程模式的基础上，构建了基于产业价值链的我国体育用品本土品牌建设交互机理框架模型，丰富了体育用品品牌建设理论。

第三，本书把品牌管理理论和品牌资产价值理论应用到体育用品品牌建设的实践中，理论与实践的紧密结合，对这些理论的丰富和完善具有重要意义。

（二）现实价值

随着宏微观营销环境的变化和体育用品市场竞争加剧，我国体育用品本土企业在国内外市场面临着巨大的挑战。要在复杂多变的市场竞争中获得竞争优势，获得更多的市场份额，体育用品本土企业应该加强品牌建设力度，打造强势名牌，提升本土品牌在国内外市场中的竞争能力。因此，从产业价值链视角，探索我国体育用品本土品牌建设的研究具有重要的应用价值。

第一，本书以我国体育用品本土品牌建设为出发点和归宿，剖析了体育用品本土品牌的要素指标、建设主体及其主要职能，并分析本土品牌建设中存在的问题、困难和影响因素，对我国体育用品本土企业有效开展和深入推进品牌建设实践工作具有重要现实意义。

第二，本书构建了基于产业价值链的体育用品品牌建设的互动机理框架模型，为我国体育用品本土企业提高体育用品质量，提升品牌美誉度，塑造品牌个性和品牌形象，改善品牌与消费者关系质量，打造具有国际竞争力的强势本土品牌提供了理论支持和决策指导。

第三，本书在结合我国体育用品产业价值链现状、体育用品品牌建设实际和吸收国内外优秀体育用品品牌建设的成功经验基础上，针对各个不同的品牌建设主体（体育用品企业、政府、体育用品行业组织和渠道分销商）提出体育用品本土品牌建设的对策建议，并进一步指出，各个品牌建设主体在品牌建设实践中应该协同合作，才能取得好的良好效果。为我国体育用品本土企业和政府相关管理部门提供了决策依据，同时为其他领域品牌建设工程实践和战略决策提供了有益借鉴。

第二节　研究思路、内容与方法

一、研究思路

本书严格按照一般性的研究思路，首先从提出问题开始，然后通过文献研究和调研收集数据，对问题深入分析，最后得出结论，并在此基础上提出相关对策建议。本书在回顾体育用品品牌与产业价值链研究成果的基础上，从体育用品品牌的功能结构和产业价值链结构及运行机理出发，探索体育用品品牌建设与产业价值链之间的关联性;通过解剖国内知名的体育用品本土企业进行品牌建设的成功案例,构建了基于产业价值链的体育用品品牌建设的框架模型;并通过对体育用品本土品牌建设的机理和路径运行进行阐述,结合体育用品品牌建设的内在一般规律,对品牌建设的有效策略及支持体系进行了探索研究,以期为我国体育用品本土企业的品牌建设和品牌竞争能力的持续增强,以及为政府相关部门决策提供理论支持和指导。具体研究思路如图1-1所示。

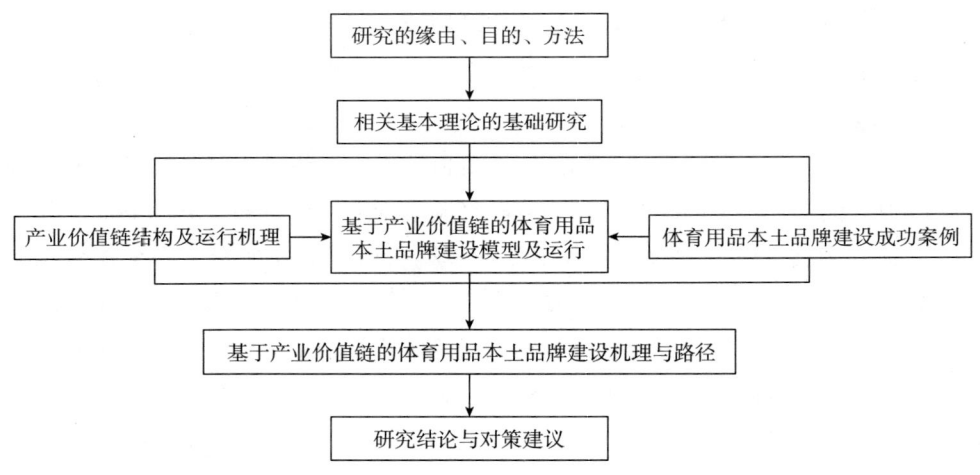

图1-1 本书的研究思路

首先,阐述研究缘由、目的、方法。从四个方面分析了本研究的选题缘由,阐述了本研究目的及进行本研究需要采用的研究方法。

其次,进行基本理论回顾分析。主要从产业价值链、体育用品品牌及体育用品品牌建设等几个方面对基本研究进行了理论回顾和分析;厘清这些概念的内涵和外延,并对它们的特征、分类和作用进行了述评;为深入分析体育用品产业价值链的结构及其运行机理、体育用品品牌建设的要素指标体系等后续内容做好了铺垫。

再次,进行理论分析和案例剖析,提出框架模型,并对框架模型的运行进行了阐述。进行体育用品品牌建设,创建强势体育用品品牌,不仅是中国体育产业发展和体育用品产业化不断推进的要求,也是提高我国体育用品本土品牌国际竞争力的必由之路。体育用品品牌建设是一项系统工程，涉及以体育用品企业为主的多个链环主体，建设内容也呈现多样性。因此，本书先对产业价值链的结构、功能和运行机理进行深入剖析，探索体育用品产业价值链的内在关键链环主体及运行规律；进而对体育用品品牌建设的要素指标体系进行剖析，得出体育用品品牌建设的五大项目十五个要素指标；并且分析体育用品品牌建设要素与产业价值链之间的关联性。同时，通过剖析安踏公司的品牌建设案例，归纳和提炼本土体育用品企业基于产业价值链的体育用品品牌建设的成功经验。并且从产业价值链视角，立足品牌建设的四大主体，对我国体育用品品牌建设中存在的问题进行了深入分析和阐述。

最后，得出研究结论并进行讨论，提出对策及建议。在前述研究的基础上提出了进行体育用品品牌建设的有效策略和相关支持体系；然后阐述了本书的理论贡献和实践价值，指出了本书的不足之处和未来研究方向。

二、研究内容

本书总体上分为七个主要部分：第一章为导论。重点阐述和回答了以下问题：基于产业价值链视角进行体育用品本土品牌建设的必要性，阐释本书的主要意义和目的、基本思路和路径，研究方法及主要创新点。第二章为基本理论概述。着重从产业价值链、体育用品品牌及体育用品品牌建设等几个方面对已有的文献进行梳理、归纳和总结；这一部分包括产业链与价值链的内涵和特征，产业价值链的内涵、特征及分类，体育用品的界定，体育用品品牌的内涵、特征及作用，体育用品品牌建设及特征等。第三章为基于产业价值链的体育用品本土品牌建设框架模型。运用文献研究法、访谈法和问卷调查法等研究方法，实证分析了体育用品品牌建设的要素指标体系；在阐述体育用品品牌建设主体及建设路径的基础上，分析了体育用品品牌建设要素与产业价值链的关联性，最后构建了基于产业价值链的体育用品品牌建设的框架模型。第四章为基于产业价值链的体育用品品牌建设模型的运行。主要从产业价值链的视角出发，深入分析了体育用品品牌建设模型的运行主体、运行动能、运行保障和运作机制，进一步诠释了体育用品品牌建设与产业价值链的紧密关联。第五章为我国体育用品本土品牌建设机理和路径。从选择品牌元素、设计营销方案、整合营销传播、利用次级品牌杠杆等几个方面阐述了我国体育用品品牌建设的路径和机理。具体提出安踏体育用品品牌建设案例分析。在分析安踏产业价值链模式及其品牌群框架的基础上，探索安踏作为我国体育用品本土企业，基于产业价值链的品牌建设的成功经验。第六章是结论与讨论。在前面理论研究、实证研究和案例研究的基础上得出了一些基本的研究结论，并对之加以讨论；针对不同的品牌建设主体提出了品牌建设的对策建议；指出本书的局限性和未来研究方向。

三、研究方法

本书综合运用营销学、品牌学和产业经济学等学科的理论与方法，借鉴了国外已有的研究成果，采用了规范研究与实证研究相结合的方法，深入探讨了基于产业价值链视角的体育用品本土品牌建设的理论和实践问题。

（一）实地调查法

实地调查是获得科学事实的基本方法。项目研究中关于我国体育用品本土品牌建设现状、存在问题等客观事实的内容都需要用实地调查和问卷调查形式获取。本书通过对福建、上海、广东等地区的体育用品企业进行实地调查，获取了一手资料。

（二）问卷调查法与访谈法

通过问卷调查和访谈的方法，掌握体育用品本土品牌建设现状、影响因素及存在的问题，了解到体育用品本土企业进行品牌建设的困惑及最关注的品牌要素指标，获得了第一手相关数据和资料。

（三）实证分析法

为了验证本研究所提出的"体育用品品牌建设的基本要素"和"体育用品

品牌的功能性结构及其与产业价值链的关联性",从实践中找到它们的原形,以及在推导这些模型的过程中将采用这一研究方法;同时,还运用SPSS、LISREL等数理统计工具进行研究分析。

（四）产业价值链分析法

体育用品产业价值链,既是本研究的研究对象,又是体育用品品牌创建的逻辑基础。本研究以产业价值链理论为指导,利用产业价值链图解分析、产业价值链定位分析、产业价值链环节分析,特别是产业价值链治理分析,来研究体育用品本土品牌创建与建设的机理机制与内在规律。

（五）案例分析与比较借鉴分析法

在对国内体育用品本土企业进行体育用品品牌建设案例进行深入分析的基础上,探索其品牌建设的内在规律和方法策略,有效借鉴其进行品牌建设的成功经验,为我国其他体育用品企业进行体育用品品牌建设与升级提供借鉴和指导。

四、本书创新点

本书的创新点主要表现在以下几个方面：

（一）研究观点创新

本书提出的创新性观点如下：第一,体育用品本土品牌建设应该从品牌知名度、品牌联想、质量与品质认知、价格适中度和品牌忠诚度五大要素着手,提高品牌资产。第二,从产业价值链的视角来看,体育用品品牌建设的重任需要以体育用品企业为主的多个产业链环主体协同合作、共同努力才能得到有效落实;指出体育用品本土品牌建设主体与产业价值链主体具有高度重叠性,主要包括体育用品企业、政府、体育用品行业组织和渠道分销商（包括经销商和终端销售渠道商)。第三，提出产业价值链除了具有一般性产业链的产业功能和价值创造递送功能外，其品牌性功能也是非常突出的，即产业价值链在体育用品品牌建设中具有重要的促进作用和保障功能。产业价值链的品牌性功能主要包括：质量安全保障功能、价值传递和提升功能、消费引导功能、品质认知性功能和品牌联想功能等。第四，指出本土体育用品品牌资产创建的路径主要有：通过选择具有本土特色的品牌元素创建品牌资产；通过策划具有中国特色的营销方案创建品牌资产；通过策划具有本土特色的整合营销传播组合创建品牌资产；通过选择具有本土特色的次级杠杆创建品牌资产。

(二) 研究内容新颖

1. 从产业价值链视角对我国体育用品本土品牌建设的框架模型进行研究

以分析产业价值链的内在结构、资源整合及运行机理为逻辑起点，构建了"基于产业价值链的体育用品本土品牌建设的交互机理框架模型"，这一框架模型把体育用品品牌要素、品牌建设流程与产业价值链的链环主体及产业价值链运行过程紧密结合起来，将体育用品品牌建设的行为主体、建设要素、建设流程及运行机制机理等整合成进一个框架模型中。这是体育用品品牌建设和我国体育用品产业健康、快速发展的新模式，对我国体育用品品牌建设和品牌国际竞争力提升具有重要指导意义。

2. 从产业价值链的品牌性功能探索我国体育用品品牌建设框架模型的运行机制机理

从剖析产业价值链结构入手，分析产业价值链的品牌性功能，厘清体育用品品牌建设中的各链环主体、职责及运行机理等问题是构建体育用品强势品牌的重中之重。体育用品品牌建设是一项系统工程，需要产业价值链中的各链环主体相互配合、协同合作，才能确实保障体育用品的品质水准，彰显品牌个性，展示品牌形象，为消费者创造并递送更多的价值感知，改善品牌与消费者之间的关系质量，有效提升本土体育用品品牌资产。

(三) 研究对策创新

本研究在提出对策建议时，并不是整合在一起提出总的对策建议。而是从体育用品本土品牌建设主体出发，在详细阐述了各品牌建设主体在品牌建设实践中出现的种种问题基础上，从产业价值链结构及其运行机理的视角，针对各个不同的品牌建设主体（体育用品企业、政府、体育用品行业组织和渠道分销商）提出体育用品本土品牌建设的对策建议，并进一步指出各个品牌建设主体在品牌建设实践中应该协同合作，才能取得良好效果。

第二章

产业价值链及体育用品本土品牌的基础研究

第一节 产业链、价值链与产业价值链

一、产业链与价值链

(一) 产业链的内涵

自然界的生态平衡之所以得以维持,在于生生不息的生物链联系;而企业若想在瞬息万变的市场环境中寻求生存与发展,必须依赖产业链的前后关联。产业链概念最早产生于20世纪50年代的美国,然后迅速传入西欧、日本、加拿大等发达国家。国内学者一般将"Industry Chain"作为"产业链"的译词。"Industry Chain"在外国文献中更多地表示"工业链""工业序列"。产业链思想源于亚当·斯密(Adam Smith)的分工理论,1958年,阿尔伯特·赫希曼(Albert. Hirschman)就在《经济发展战略》一书中,从产业前向、后向联系的角

度对产业链的内涵进行了阐述①。此后,产业链的概念在西方逐渐为"生产系统"(Production system)、"商品链"(Commodity chain)、"生产链"(Production chain)、"价值链"(Value chain)、"增值链"(Value adding chain)、"全球商品链"(Global commodity chain)等概念所取代。飞利浦·W. 拜尔斯梅尔(Phillip W. Balsmeier)和温戴尔·J. V. (Wendell . J. V.)(1996)认为,供应链研究微观企业或经营主体之间的关联关系,有时这些企业可能同属一个产业或一个行业部门②。迈克尔·波特(Michael Porter)既关注企业价值的创造和传递,也关注产业价值链的意义。国外也有学者认为,产业链由供应链、信息链、价值链共同构成,此三种链可以互相贯通。伯维尔(Bovel D.)和马斯(Martha J.)(2000)认为,一家公司应该联合和利用各自的能力与机会,而这一切都要通过吸引和保持客户群并推动共同利益联盟来实现,这被称为价值网③。

在我国,"产业链"一词最早见于姚齐源、宋伍生(1985)的《有计划商品经济的实现模式——区域市场》④。目前,"产业链"这一术语在实践中被广泛应用,然而学术界对于产业链概念的界定尚未达成共识。下面从企业关联、部门关联和产品关联等角度,对既往关于产业链内涵的研究进行梳理。

1. 基于企业关联

这类观点认为,产业链是各个企业以产业联系为纽带所组成的、具有竞合关系的产业群体。蒋国俊、蒋明新(2004)基于战略联盟的视角提出,产业链是在特定的产业集聚区域内,由某个具有较强国际竞争力(或竞争潜力)的企业,与其他相关产业中的企业所结成的一种战略联盟关系链。陈朝隆等(2007)从产业组织系统的角度认为,产业链是一种以企业为主体、以产业联系为纽带的"链网状"产业组织系统,其基础是企业间的分工协作。其中,产业联系的表现形式包括企业间的供需关系、信息交流、技术分享与投入产出关系等。李心芹等(2004)也从企业关联的视角对产业链的内涵进行了界定,认为产业链是在一定

---

① 赫希曼著. 经济发展战略[M]. 曹征海,潘照东译. 北京:经济科学出版社,1991.
② Phillip W. Balsmeier and Wendell J. V.. "Supply Chain Management: A Time—Based Strategy". Industrial Management. September, 1996.
③ Bovel D., Martha J. "From Supply Chain to Value Net", Journal of Business, Jul/Aug, 2000, 21(4).
④ 姚齐源,宋伍生. 有计划商品经济的实现模式——区域市场[J]. 天府新论,1985(3).

的地理区域内,以某一产业中的某个主导企业为"链核",与其他企业通过产品、技术、资本等纽带结成的战略关系链。蔡宇(2006)认为,产业链是体现了在企业(或行业)之间供应链和价值链上的企业分工和专业化。

2. 基于部门关联

第二类关于产业链内涵的观点,认为各个产业部门的相互关联构成了产业链。龚勤林(2004)认为,产业链是产业各部门之间基于一定的技术经济关联,并依据特定的时空布局与逻辑关系客观形成的链条式关联形态。傅国华(1996)以农业产业链为例,研究了产业各部门运行情况与产业系统效率的联系。都晓岩、卢宁(2006)指出,产业链反映了各产业之间以及同一产业内的各部门、各环节之间的内在关联,涵盖了从原材料处理、中间产品加工、最终产品生产、产品销售并达到消费者手中的各个产业环节。

3. 基于产品关联

第三类观点从产品关联的视角对产业链的内涵进行了界定。李仕明(1995)认为,产业链形成的根本原因在于提供消费者所需的一系列最终产品。郑学益(2000)认为,产业链是以产品技术为纽带,将产业中具有良好市场前景、较高科技含量与较强产品关联度的优势企业与优势产品上下连接、前后延伸所形成的链条。陈文晖(2002)则以我国软件产业为例,基于产品结构的视角介绍了国外软件产业链培育的成功经验,从研发投入、风险投资、企业组织结构等方面指出了中国软件产业链存在的问题,并就我国软件产业链核心竞争力的构建提出了对策建议。李万立(2005)指出,产业链是围绕某一核心的最终产品,从原材料采购、中间产品生产到最终消费所涉及的、由各个产业部门构成的动态链式关系。

(二)价值链的内涵

价值链(Value Chain)这一概念,是由哈佛大学商学院教授迈克尔·波特于1985年提出的。价值链的核心思想是指企业创造价值的过程可以分解为一系列互不相同但又相互关联的增值活动,这些活动总和构成企业的"价值链"。价值链一般分为基本增值和辅助增值两个部分。基本增值是指一般意义上的生产经营环节，包括材料供应、产品开发、生产运行、成品储运、市场营销和售后服务等，这些环节与商品实体的生产加工流转直接相关。辅助性增值包括组织建设、人事管理、技术开发和采购管理等[①]。价值链一般是针对单个企业而言的，是对企业经营状况开展的价值创造与价值增值分析，价值链是分析企业核心竞争优势的重要工具。在生产、研发、营销或治理的各个节点，不同的企业表现不尽相同。假如企业在某个节点价值制造力具有特殊优势，就可以说该企业在此方面具有核心竞争力。单个企业的价值链通过与其他企业的合作，并在整个产业链中发挥作用，便扩展形成了价值链系统。

（三）产业链与价值链的关系

产业链是各个产业部门或企业间在产品流通与信息交换基础上形成的价值关系变化的互动关联。杨公朴、夏大慰（2002）将产业链视作由产业前向、后向的关联关系所组成的一种网络结构，产业链的实质是产业关联，而产业关联的实质就是产业内部各种具有连续追加价值关系活动所构成的价值链联系。刘刚（2005）认为，产业链建立在波特的价值链基础之上，是指不同产业内各个企业间的需求与供给、投入与产出的关系。芮明杰、刘明宇（2006）指出，产业链描述了企业间与企业内为实现最终产品的生产所经历的价值增值过程，它涵盖了从原材料到最终消费品的创造所经历的各个阶段。汪先勇等（2006）则认为，产业链是在某种商品或服务的生产过程中能产生价值增值的一系列彼此关联、相互作用的经济活动的集合，包括研究开发、生产加工与产品销售三个主要环节。

在分析产业链与价值链之间的关系时，通常会涉及供应链。供应链（Supply Chain）是指在生产和流通过程中，将产品或服务提供给最终用户的上下游企业之间共同形成的网络结构系统。供应链一般是针对多个企业而言，一个企业很难构建自身的供应链；特殊情况下，可以向相关企业外部延伸。供应链是企业之间的连接桥梁，它源于物流的范畴，是研究有效供给链运作机制的。随着现代电子商务的发展，许多企业在完成自身流程变革后，为实现同其他企业的资源共享，不断扩大物流管理层面，这使供应链的内涵更加丰富。随着计算机网络技术及虚

---

① 迈克尔·波特. 竞争战略 [M]. 北京：华夏出版社，2001（8）.

拟市场的产生，现代供应链管理的内涵和外延也日渐丰富。供应链是围绕核心企业，通过对物流、信息流和资金流的控制，从采购原材料开始，制成中间产品以及成品，最后由销售网络把产品送到最终客户的过程；它将供应商、制造商、分销商、零售商直到最终用户连成一个完整的功能网络。供应链管理的直接效果是可以缩短单证和交货周期、降低原材料和成品库存时间，提高市场应变力，增加销售量，提高产品及服务品质，改善公司、供应商和顾客之间的关系。

从综合视角来看，产业链与价值链、供应链关系密切。刘贵富、赵英才（2007）认为，产业链是在一定地域范围内，某一行业中具有竞争力的企业及其相关企业，以产品为纽带按照一定的逻辑关系和时空关系，联结成的具有价值增值功能的网链式企业战略联盟。吴金明、邵昶（2006）认为，产业链是基于产业上游到下游各相关环节的由供需链、企业链、空间链和价值链这四个维度有机组合而形成的链条。如图 2 - 1 所示，四面体 ABCD 的四个面分别表示产业链中的四个维度。其中，底面 BCD 表示价值链，其他三个面 ABD、ABC、ACD 分别表示供需链、空间链和企业链，这四个面之间互相依托、彼此对接，形成一个整体；并且指出产业链内涵包括：产业层次的表达；产业关联程度的表达；生产要素加工深度的表达；需求满足程度的表达。

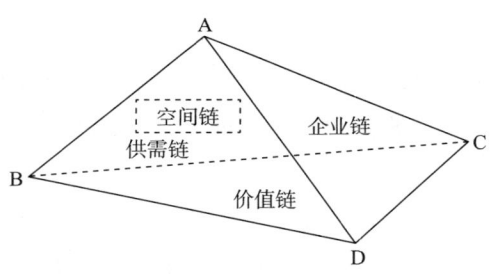

图 2 - 1　综合意义产业价值链概念图

资料来源：吴金明，邵昶. 产业链形成机制研究——"4 + 4 + 4"模型 [J]. 中国工业经济，2006 (4)：36 - 43.

综上所述，价值链可以理解为，产业链中各环节主体之间利益关系的表现形式，是分析企业竞争优势的重要工具。但是，作为产业链的一个组成部分，价值链也可以向产业链外部延伸，价值链也是供应链发生的前提，从而形成价值链系统（产业价值链）。产业价值链作为更宏观的概念，其运作载体是微观企业，产业价值链本身就包含了产业链、价值链和供应链。企业之间由于市场供给等原因，发生了各种各样相互密切的关系。企业之间的资金往来、管理和技术的交流自然就将一个个价值链接通起来。换句话说，供应链是产业链产生的基础，价值链是产业价值链发展变化的内在原因，产业价值链又是多重产业链、供应链和价值链的复合体。

二、产业价值链

（一）产业价值链的内涵

产业价值链与产业链、价值链之间的关系在于利用价值链的分析方法来考察产业链。产业为满足用户需求而实现价值所形成的链条，也就是在产业链中、在企业竞争中所进行的一系列活动仅从价值的角度来分析研究，称为产业价值链。它以产业链为基础，从整体角度分析产业链中各环节的价值创造活动及其影响价值创造的核心因素。

当价值链理论的分析对象由一个特定的企业转向整个产业时，就形成了产业价值链。价值链与产业价值链是从不同的角度说明价值创造的过程，前者侧重价值创造环节，后者涉及组织的职能及关系。产业价值链代表了产业层面上企业价值融合更加庞大的价值系统，每个企业的价值链包含在更大的价值活动群中，实现整个产业链的价值创造和实现。产业链的价值活动囊括了产业链中企业所有的价值活动，但这些活动并不是简单的"大杂烩"，而是在产业链的价值组织形式下发现和创造价值。在产业价值链没有形成前，各企业的价值链是相互独立的，彼此间的价值联结是松散的。经过产业整合之后，企业被捆绑到一个产业价值链系统里，产业链应用企业间价值链的创新联结来创造出新的价值。

产业价值链理论的形成有坚实的理论基础，其发展集点、线、面、网研究于一身，贯穿价值创造、分配、传递全过程。其理论体系既与产业链、价值链、供应链等理论相关，又包含价值系统、价值网、价值及全球价值链理论。理论的多元化促进了产业价值链体系的创新与完善。

综上分析，产业价值链中的"链"字，既有"链条"的意思，更有"链接"的寓意，显然，"链接"是产业价值链概念的核心所在，而"价值增值"是产业价值链发展的内在动能和最终发展归属。因此，产业价值链中的上下游产业的链环之间的关联绝不是单纯的某一个方面的联系，而是一种由价值、需求、空间等多方面因素整合的产业的链环网式关联。因此，本研究把产业价值链的含义界定为：在一定地域范围内，某一行业中具有竞争力的企业及其相关企业，以产品为纽带按照一定的逻辑关系和时空关系，基于供需链、企业链、空间链和价值链这四个维度有机组合而形成的具有价值创造和增值功能的链网式链接的一体化组织系统。

（二）产业价值链的特征

按照迈克尔·波特的逻辑，每个企业都处在产业链中的某一环节，一个企业要赢得和维持竞争优势，不仅取决于其内部价值链，而且还取决于在一个更大的价值系统（即产业价值链）中，一个企业的价值链同其供应商、销售商以及顾客价值链之间的连接。企业间的这种价值链关系，对应于波特的价值链定义，在产业链中、在企业竞争中所进行的一系列经济活动仅从价值的角度来分析研究，称为产业价值链（industrial value chain）。产业价值链具有以下几方面的特征：

1. 整体性

构成产业价值链的各个组成部分是一个有机的整体，相互联动、相互制约、相互依存，每个环节都是由大量的同类企业构成，上游产业（环节）和下游产业（环节）之间存在着大量的信息、物质、资金方面的交换关系，是一个价值递增过程。同时产业价值链之间相互交织，往往呈现出多层次的网络结构。在新的竞争环境下，产业中的竞争不仅仅表现为单个企业之间的竞争，还表现为一条产业链同另一条产业链的竞争，一个企业集群同另一个集群之间的竞争，甚至是国家与国家企业之间的相互竞争。

2. 增值性

后面的价值增值环节在前面价值产品的基础上，进一步面向新的客户，生产出新的价值产品。但是，这并不意味着前面环节投入的价值量在后面都能够实现，如果存在价值增值"瓶颈"，价值链上一部分投入的价值将会损失掉，无法实现增值。

3. 循环性

价值增值实现的过程是一个不断循环的过程。这一特点，对于参与价值链的、持续经营的企业具有重要的意义，因为企业长期化价值的最大实现比起短期价值的实现有更重要的意义。如果一条产业价值链无法实现有效的循环，那么这条产业价值链便就濒临"死亡"的境地。

4. 层次性

产业价值链的各个部门之间存在各种类型的层次关系，既有技术上的层次关系，又存在物质、信息或资金等供应方面的层次关系。

5. 差异性

产业价值链的各个环节存在着增加值与盈利水平的差异性。产业价值链的各个环节对要素条件的需求存在差异性。不同的环节，对于技术、人力、资本、规模等的要求不同，因而具有不同的区位偏好。

（三）产业价值链的集群效应与链式效应

1. 集群效应

产业价值链在以一个主导产业为核心的领域中，关联度较高的众多企业及其相关支撑机构在地理空间上就产生了企业在某一产业价值链上集聚的现象。在这种产业价值链上，企业的集聚向上延伸到原材料和零部件及配套服务的供应商；向下延伸到产品的营销网络和顾客；横向扩张到互补产品的生产商及通过技能、技术或由共同投资联系起来的相关企业，同时集群内还包括政府和多功能公共机构的参与。由于集群内企业间是通过长期形成的非契约"信任与合作"维系的，因此在面对外来竞争时，使其具有独特的竞争优势。主要表现在：有利于企业成本的降低；有利于新企业的出现；有利于企业创新氛围的形成；有利于打造"区位品牌"；有利于区域经济的发展。

2. 链式效应

产业价值链链式效应与构成产业价值链的互为基础、相互依存、具有相互衔接关系的上下游企业链条有关。产业需要完整价值链，而一个完整的产业价值链包括原材料加工、中间产品生产、制成品组装、销售、服务等多个环节，实现供给、生产、销售、服务的功能，从而保证该产业价值链中人流、物流、信息流、资金流的畅通，进而实现互补、互动、双赢。如果产业价值链当中的企业供给、生产、销售、服务都处于一种良好的、动态自我调整的平衡状态，那么这个产业价值链就会很平稳地运行。一旦该产业价值链中的某一个环节不能及时或不能提供充足的供给，这个良性循环就会被打破，从而引发上游企业或者下游企业不能正常运转。由于在多个产业价值链中，某些企业既可以是本产业价值链内的一个环节，又可以是其他产业价值链上不可缺少的环节，因此，这种链式效应不但会发生在某一个产业价值链当中，而且不同产业价值链的上下游企业之间也会有这样的链式效应。这种链式效应集中表现促进了专业分工协作和推动了技术进步。

第二节　品牌含义、特征及作用

一、品牌的含义

品牌（Brand）一词来源于古挪威文字"Brandr"，中文意思是"烙印"。在当时，西方游牧部落在马背上打上烙印，上面写着一句话："不许动，它是我的。"并附有各部落的标记，用以区分不同部落之间的财产。诸多著述均记述了古代的人们在牛及牲畜身上打上烙印以表明主人，在未干的陶器底部按上指印以表明制陶者，在斧头、镰刀、木桶等工具身上烙上印记以表明生产者或所有者。

这就是最初的品牌标志和口号。目前，国内外品牌理论对品牌的内涵有多种定义。比较有影响的品牌定义大体上可以归纳为：符号说、关系说、拟剧说、资产说、综合说等①。

（一）符号说

这类定义着眼于品牌的识别功能，它从最直观、最外在的表现出发，将品牌看作是一种标榜个性、具有区别功能的特殊符号。如美国市场营销协会（AMA）的定义：品牌是用以识别一个或一群产品或劳务的名称、术语、象征、记号或设计及其组合，用以和其他竞争者的产品或劳务相区别；美国营销学家菲利普·科特勒（Philip Kotler）的定义是：品牌是一个名字、称谓、符号或设计，或是上述的总和，其目的是要使自己的产品或服务有别于其他竞争者。

（二）关系说

这类定义从品牌与消费者沟通功能的角度来阐述，强调品牌的最后实现由消费者来决定，是与消费者的情感密不可分的。如美国奥美公司（Ogilvy company）认为，品牌是消费者与产品的关系，消费者才是品牌的最后拥有者，品牌是消费者经验的总和。

（三）拟剧说

品牌是企业或者产品在社会传播情境中力臻理想的角色（超自我）表演，以预先建立的行为模式在与消费者接触的时候交互影响，从而达成某种程度的认知印象。

（四）资产说

这类定义站在经济学、管理学的立场上，从品牌具有的价值特点出发，侧重

---

① 余明阳，杨芳平. 品牌学教程（第二版）[M]. 上海：复旦大学出版社，2009，7.

于品牌在市场营运中的作用,认为品牌是一种无形资产。中国台湾学者陈伟航指出,品牌会渗透人心,因而形成不可泯灭的无形资产。

(五)综合说

这类定义从品牌的信息整合功能上入手,将生产、营销与时空变化结合起来分析品牌。如奥美的创始人奥格威在1955年的定义:品牌是一种错综复杂的象征,它是商品的属性、名称、包装、价格、历史、声誉、广告风格的无形组合。黄昌富(1999)认为,品牌是一个系统,一个包括产品与服务功能要素(如用途、品质、价格、包装等),厂商和产品的形象要素(如图案、色调、广告、音乐等),消费者的心理要素(如对企业及其产品和服务的认知、感受、态度、体验等)在内的多维综合体。美国营销学权威菲利普·科特勒认为,一个品牌能表达出六层意思:①属性,表达出产品的特定属性;②利益,给购买者带来的物质和精神上的利益;③价值观,体现了该制造商的某些价值感;④文化,品牌可能附加和象征了一定的文化;⑤个性,和人一样,品牌传达出与众不同的个性;⑥使用者,品牌还体现了购买或使用该产品的消费者的特征。

综合说的思想比较符合中国语义的"品牌"含义,余明阳等的定义比较全面、准确地反映了品牌的实质,本书将采用这一定义作为研究的基础。余明阳(2009)的定义是:品牌是能够给拥有者带来溢价、产生增值的一种无形资产,它的载体是用以和其他竞争者的产品或劳务相区分的名称、属性、象征、记号或设计及其组合,增值的源泉来自在消费者心中形成的关于其载体的印象。

然而,来源于英语"Brand"一词的"品牌",其本意是"烙印",是自然经济时代放牧主给自己的牲畜上打上的财产归属标记,只有"牌"的含义,没有"品"的内涵。而中文"品牌"是"品"和"牌"的组合词,其内涵是通过"牌"告诉消费者"品"的特征、功能。让消费者通过"牌"了解货物和劳务的"品"。中文"品牌"所对应的英文应该是"Quality and Brand"。中国研究"品牌管理"应该既学习西方的"Brand Management",也要学习西方的"Quality Management"。

推敲美国营销大师科特勒先生的品牌定义也能得出同样的结论,他对"Brand"的理解就是"符号",他认为,"Brand"就是一个名字、称谓、符号或设计，或是上述的总和，其目的是要使自己的产品或服务有别于其他竞争者。他没有说"Brand"有"品"的含义，只是说"Brand"是"品"的"牌"。国外学者对"Brand"的研究，主要是放在利用营销理论通过一定的传播方式来做"牌"，研究"Brand"很少讲"品"的问题，"品"的问题会在"品类学""生产管理"等领域进行研究。

然而，国内部分学者将"Brand"译成"品牌"后，引入了"Brand"的有关理论，大加推广。最典型的表现是，国内引进美国"Brand"理论后编著的"品牌学""品牌学教程"等主流"品牌"理论，都在讲如何通过广告、公关、营业推广等策略促"牌"。一些企业将品牌建设单纯看成是"塑牌"的过程，而未强调"品"的作用，导致品牌建设频频失误。曾经的央视"标王"秦池为什么凋零？几个本土品牌汽车每年在国内的广告费都超过国外品牌，但为什么售价一直比同档次的进口品牌汽车低20%～30%呢？其主要原因是促"牌"的功夫没少做，而在做"品"上用功不够，缺乏消费者对"品"的认同。近年来，国内本土品牌发展状况令人担忧，有人形象地编了一个顺口溜：现在中国快餐都吃"肯德基"，洗头都用"海飞丝"，汽车都买进口的，动漫都看日本的，衣服要穿巴黎的。中国变成了"经济大国，品牌弱国"，2011年福布斯评出的全球前十大最有价值的品牌中，没有中国品牌的影子。

本书认为，"品牌建设"就是在做好"品"的同时，用好的方法准确、及时、全面地将"品"通过"牌"宣传出去的过程。可以把"品"理解成产品质量、产品款式、产品性能等体现产品品质的总和；可以把"牌"理解成宣传、推介"品"的方法、技巧、策略等。根据这一思想，任何企业如果不能做好"品"，或不能让消费者感受到你的"品"比别人的"品"有特色，单独做"牌"都是很难成功的。

二、品牌的特征

品牌是多学科领域的概念。本书研究的品牌属于经济、管理学的范畴，在经济、管理学科中,品牌独特性表现在以下几方面①。

(一)品牌的表象性

品牌是企业的无形资产,不具有独立的实体,不占有空间,但它最原始的目的就是让人们通过一个比较容易记忆的形式来记住某一产品或企业,因此,品牌必须有物质载体,需要通过一系列的物质载体来表现自己,使品牌有形化。品牌的直接载体主要是文字、图案和符号,间接载体主要有产品质量、产品服务、知名度、美誉度、市场占有率。没有物质载体,品牌就无法表现出来,更不可能达到品牌的整体传播效果。

(二)品牌的专有性

品牌是用以识别生产者或销售者所提供的产品或服务的。品牌拥有者经过法律程序的认定,享有品牌的专有权,有权要求其他企业或个人不能仿冒、伪造。这一点也是品牌的排他性。然而中国企业在国际竞争中没有很好地利用法律武器,没有发挥品牌的专有权,近年来,不断看到有中国国内的金字招牌在国际市场上遭遇尴尬的局面:"红塔山"在菲律宾被抢注,100多个品牌被日本抢注,180多个品牌在澳大利亚被抢注……人们应该及时反省,充分利用品牌的专有权。

(三)品牌的信用性

品牌的本质是体现品牌产品生产者的信用,使消费者通过品牌联想到品牌产品的质量、功能、文化等特征。

(四)品牌信息的丰富性

品牌既包括了名称、标志等显性要素,也向消费者传达了包括产品质量、营

---

① 杨慧,李建军. 市场营销学(第三版)[M]. 北京:中国社会科学出版社,2011,2.

销服务、市场声誉等内在的信息，代表了品牌建设者的承诺和消费者的体验。

（五）品牌的价值性

品牌具有知名度与忠诚度，可以降低企业的费用，可以获得较高的价格，品牌能够带来竞争优势，因此品牌是有价值的。

（六）品牌的系统性

品牌与品牌产品本身、品牌拥有者、供应商、消费者、中间商、竞争者、大众媒体、政府、社会公众等利益相关群体共同构成了一个相互作用、相互影响的生态系统，品牌生态环境的营造，品牌生态系统的管理是品牌理论研究的重要内容。

（七）品牌的扩张性

品牌具有识别功能，代表一种产品、一个企业。企业可以利用这一优点展示品牌对市场的开拓能力，还可以帮助企业利用品牌资本进行企业扩张、资本扩张。

三、品牌的作用

在产品日益同质化的时代，产品的物理属性已经相差无几，唯有品牌给人以心理暗示，满足消费者的情感和精神寄托，因为品牌总是以某种独特的个性与竞争者区别开来。下面将详细介绍品牌在各方面的作用。

（一）品牌的基本作用——有效识别

品牌，《牛津大辞典》里的解释为"用来证明所有权，作为质量的标志或其他用途"，即用以区别和证明品质。在市场演化进程中，品牌早已跳出了品质证明和区别的简单含义。在现代品牌中蕴含着企业的文化、个性特征、企业性格、群体划分、企业实力等，成为企业独占鳌头的"撒手锏"。追本溯源，品牌最原始的雏形即人们在自家家畜上烙上烙印，作为私有财产与他人财产区分的简单标记；然后用简单图形标记在产品上，用作自有产品声誉维护的法律标志；随着市场的繁盛与发展，品牌日益成熟；进而发展到全球企业对品牌的追逐、研究与推崇。

（二）品牌的根本作用——创造最大利益

天下熙熙，皆为利来；天下攘攘，皆为利往。自古经商的本源皆是获取经济价值。至今，品牌成为市场推动的必然，也成为商家获取利益的筹码。品牌与盈利之间有了不可切断的联系。企业的经济利益来自低成本与高销售价格之间的价值差额，价值差额越大，利益就越高。而在普通的成熟行业内，成本30元的产品无论如何也不会达到30000元的销售价格。成本与销售价格差值都会有一个合理限度，而品牌恰恰为经济利益的最大化维持了成本与销售价格的均衡。在成本通向销售价格的实现过程中，企业品牌的优良左右着各个环节价值的核算。品牌之所以能够创造最大利益，是因为品牌将企业置于了市场环境的中心，形成了与企业相关联顾客的向心力；而对非品牌企业而言，企业相关联顾客形成了或多或少的离心力。致使品牌企业与非品牌企业的盈利能力相去甚远。

（三）市场作用——保护顾客的消费质量

顾客的消费质量，是顾客获得的产品价值和体验价值的综合。如果一个顾客在商场里购买了一件物美价廉的衣服，但是却因为服务人员的强迫性购买而耿耿于怀，满腹怨气，那么商家为顾客提供的就不是消费质量，只是简单的产品销售。产品销售只是为商家在实现经济效益；品牌销售，是在为顾客提供愉悦的购买体验，并满足其心理需求。因此，在现代服务体验经济时代，顾客的消费质量不仅包含产品质量的保证，还要为顾客提供良好的购物环境、愉悦的心理体验以及个性化的心理需求。

（四）经营作用——提升企业核心竞争力

企业核心竞争力是企业的核心能力，是"硬"和"软"双方实力的综合。硬件方面包含了企业的技术、设备、研究开发能力、团队的完整、高效等；软件方面包含了品牌建设、企业文化、企业精神、公共关系等。在聚合企业核心竞争力的多种因素中，硬件资源是以物和技术为中心的基础；软件资源是以人和文化为中心的精神塑造和指导。由企业多种因素凝聚而成的核心竞争力，独一无二，难以模仿。品牌建设，是企业核心竞争力软件资源中的重要一环。当企业发展成熟到一定程度时，品牌美誉度与知名度等相应提升，消费群体就会减淡对企业背后硬件资源的深入探究和考虑，而关注企业与消费者内心的沟通。海尔、联想、雕牌、奥迪等知名品牌，品牌就是质量和信誉的见证。在技术门槛较低的行业，品牌几乎让产品在终端销售与市场竞争中独占鳌头，占据市场领导者的位置。品牌成为了市场追随者短期内无法逾越的界限。

（五）营销作用——可持续提升销量和销售质量

品牌，是企业与顾客沟通的一种重要方式。它将企业的情感、意识、精神与产品的灵魂、内涵、特点传递给顾客，进行意识形态上的交流。当品牌蕴含的意义激发了顾客内心的需求或情感时，就完成了品牌的任务，同时促成了大众的购买行为，实现产品销售。品牌建设，就是完成与顾客沟通的过程。品牌与顾客沟通的深度决定着企业的销售量和销售质量，因为企业经营的最终环节是顾客的购买消费。从工业品的模糊概念到大众沟通的成功，无疑在见证着品牌的力量。昆仑润滑油"卓越品质，与神州共腾飞"，统一润滑油"多一些润滑，少一些摩擦"，均实现了从工业品到大众消费品的"润滑"过渡。情感诉求，完成了与顾客的心灵沟通，知名度由行业延伸至大众，产品销量迅速提升。这就是品牌对销售的促动力量。

（六）资本作用——提升无形资产和在此基础上的资本运营便利性

业界称，处在顶端的资本是企业品牌价值；处在中端的资本，是企业知识产权价值；处在低端的资本，是企业的设备、不动产和流动资本的价值。做企业也如做人。提起一个多年不见的朋友时，可能在记忆中已经模糊了他的音容笑貌，但仍然会说这个人很实在或值得信赖。"这个人很实在"或是"这个人值得信赖"就是一个人的品牌，一个绵延于周围人内心的个人品牌。他与周围相识者的认同交叉点就是"实在"与"信赖"。同样，企业品牌的影响力可以顺着时间延伸，顺着空间扩展，当具体化产品消失的时候，大众还会记得品牌，所以品牌价值才会被推向企业资本顶端的位置。

（七）价值作用——改善企业的生存与发展环境

十年树木，百年树人。品牌货币化的成长历程，殊途同归，物竞天择，适者生存。企业作为经济圈中的"生命体"，从小到大，由弱到强，不仅在与同类进行着存亡或消长的竞争，同时也在适应着企业内部与周边的诸多种环境。作为市场中独立的企业公民，在适应周边生存与发展环境的同时，也在影响与改善着环境。品牌，作为企业灵魂、文化的凝聚，不仅在公众认知上起着价值观念引导的作用，在企业经营上也起着积极的促进作用。哲学中讲，精神指导物质。当品牌作为抽象的人类文明活跃于市场时，就在为企业这一独立的个体改善或是缔造着生存与发展的环境。

（八）形象作用——把消费者群体等级化

人靠衣裳，马靠鞍。企业形象靠的是品牌塑造。商品正在逐渐脱离实体产品属性而成为文化或是情感的衍生品，消费者更多表现出来的是对品牌文化或情感的共鸣。品牌文化可以在精神高度上达成共识，品牌情感可以触动消费者内心最柔弱的瞬间。文化与情感的认同促成了消费者的购买行为，品牌对消费者精神层次的满足将会培养一批忠诚的顾客。在文化与情感的渗透过程中，市场顺着不同消费者的特征划出了不同的群体级别。

（九）文化作用——全球市场共鸣

本土的就是世界的。张艺谋的电影让世界认识了中国文化。含蓄、内敛、包容的内陆文化让极度扩张的海洋文化为之一动。东方文化的厚重与悠远开始揭开了神秘的面纱。在世界经济一体化的环境下，文化伴随着商业比肩而来。欧美、日本和韩国的企业成功进入中国市场均是建立于文化与思想的认同，在每一个成功品牌的背后都藏匿着整个国家的精神特征和文化特性。品牌，作为一种商业与文化结合的产物，让全球民众实现了部分观念的一体化。

（十）精神作用——让消费者生活充满乐趣和意义

闭目而思，品牌会出现在你生活的每一个角落。每一条幽静的小路，每一条繁闹的大街，每一个拥挤的港口，都有琳琅满目的品牌信息传递。一天的生活，从睁开眼享受清晨第一缕阳光开始，你的床、你的地板、你的家具、你的卫浴装饰、你的牙膏，甚至是你的牙刷……都是品牌广告。都市消费者生活在品牌的世界里。品牌表达的是时代的情感，反映的是适时的文化，陈述的是现实的故事。它通过体验式的经济表达方式，将一种文化、一个内涵、一档故事让消费者去感知，去接受，然后去购买……品牌的丰富在装点着社会的繁荣。如果没有绚烂多姿的传播，没有声声的商业吆喝，这个社会会是怎样苍白，消费者又会怎样茫然？男耕女织的经济形态已随历史而去，雏形的商业经济思想在随着时间的推移而不断发展，时至今日，男耕女织已成为了一个经济回望和一个守望。回望是历史经济发展的审视，守望是因为经济与经济思想发展之快速让消费者渴望瞬间的安静和简单，然而，只是瞬间。

第三节　体育用品本土品牌建设

研究体育用品本土品牌，首先要搞清体育用品的内涵和外延，体育用品产业在整个体育产业中占有重要的地位和份额，同时，体育用品与各类体育活动和赛事等具有天然的关联，这些特点和关联是体育用品本土品牌建设策略的重要依据。

一、体育用品含义界定

体育用品是进行体育运动的物质基础，伴随着体育运动的兴起，体育用品已经深入到人们生活的方方面面，在促进人们身体健康、陶冶情操以及培养高尚品格等方面发挥着不可替代的重要的作用。

不同领域中"体育用品"的内涵与外延各不相同，各界对于体育用品的界定也没有统一的标准。《商业大辞典》对体育用品的解释为：体育运动使用的器械及用品的统称。《中国体育百科全书》则认为，体育用品包括体育器材、体育服饰、体育运动食品等，涉及体育、轻工、化工、纺织、兵器、外贸等多个经济部门。国家统计局定义体育用品是进行体育教育、竞技运动和身体锻炼的过程中所使用到的所有物品的统称。国家统计局制定的《国民经济行业分类与代码（GB/T4754—2011）》，把体育用品行业归入文教体育用品业（C24）下的体育用品制造（C244）。由于体育用品范围的拓展、功能的演变、使用时空上的延伸，学者准确界定体育用品的概念存在困难。

（一）狭义体育用品

一般认为，体育用品有狭义和广义之分。狭义的体育用品指专门用于体育运动并符合运动项目规则的物品，竞技体育中训练和竞赛中使用的物品。它的设计制造从体育运动的实际出发，其结构性能符合于运动项目的特点，符合运动项目动作、技术的要求，有利于运动项目运动成绩的提高和技术水平的发展，为体育运动发展服务。例如登山鞋是专门为爬山和旅行而设计制造的鞋子，非常适合户外运动。防水性是现代登山鞋的首要功能，登山鞋的防水透气性是一般运动鞋无法比拟的。这类体育用品必须达到一定的产品质量标准，符合各运动项目比赛规则要求。是经过产品质量监督部门、体育运动专业协会等有关组织检验、认证的专门用品。

(二) 广义体育用品

指主要用于体育活动并符合体育活动要求的一种特殊生活消费品，包括体育竞赛、运动训练、健身休闲以及体育教学等所有的体育运动活动中所使用的各种体育用品。这些用品主要针对大众体育健身和一些学校体育活动，一般其产品的规格、标准要求较低，其中包括许多非正式运动项目、新兴运动项目所用的器材设备，有许多是非定型产品，甚至是替代产品。因为本书主要探索本土体育用品品牌建设的内在规律和建设路径，涉及的体育用品品牌主要与广大的消费者相关联。因此，本书中的体育用品是指：人们在进行体育运动休闲、体育锻炼、体育教育和普通的竞技运功的过程中所使用到的相关物品的统称，多指运动服装鞋帽包、体育器材器械等。

二、体育用品的特征及分类

(一) 体育用品的特征

体育用品是物质形态的体育产品，是作为一种商品存在的，也就具有了一般商品的属性，同时体育用品是为体育运动服务的，也就又具有了一些特殊性。

1. 体育用品的运动性

就体育用品的商品使用价值而言，它不仅具有人们从事体育运动时实际效用而具有的自然属性外，还必须具备独特的社会属性，满足人们从事体育运动这种社会性活动的需要。体育用品主要在体育活动范围内使用，其性能与结构应符合体育运动的活动特点，从属于体育运动，服务于人类的各种体育活动。体育用品从生产领域、消费流通领域到体育运动领域的使用都决定着它应具备的体育属性。人们从设计制造体育用品开始，到消费者购买使用于体育活动之中，都要能够从体育活动的实际出发，体育用品的性能与结构等要便于人们的体育活动，便于人的肢体运动以及心情的愉悦，满足体育活动时人的身体活动、心理活动、情感活动的需要，扩大体育运动的实效，有利于运动成绩的提高和运动技术水平的发挥，有利于提高体育锻炼活动的效果，促进体育运动的普及与发展。

2. 体育用品的专业性

体育项目之间千差万别，所用的体育用品之间也相去甚远，特殊的体育用品只适用于相应的体育运动。例如，由于跑步运动和登山运动进行的场所不同，运动方式不同，跑步鞋和登山鞋的设计理念不同，如跑步鞋讲究轻便、缓震，而登山鞋则要求耐磨、防水等。

3. 体育用品的安全性

体育用品是人们从事体育活动中使用的专门物品，不同的运动项目对体育用品有不同的要求，各个运动项目都有其专门的用品，如田径运动赛项目中，有跑鞋、跳鞋、马拉松鞋。体育运动，尤其是竞技运动是一种非常态的人体活动，人体动作的运动形式、运动强度等都将超出日常生活活动的范围，所以对体育用品的外观、规格、结构等自然属性有一些特殊的要求，如专业运动鞋的拉伸强度要求大于普通鞋的3倍。体育用品的产品质量要符合体育用品的国家标准和行业标准等，用于正式比赛的体育用品要符合各运动项目的规则要求，还需经专项运动协会的审定等。

（二）体育用品的分类

体育用品的分类要能够反映各类体育用品之间以及体育运动与体育用品的内在联系。为了便于人们对体育用品的认识，分类应充分考虑到这种分类在实际应用中的兼容性和实用性。依据其特有的属性和特征，体育用品的分类主要依据体育运动角度和生产经营管理角度。

1. 体育运动角度

体育运动角度的分类着重于体育用品的性能和效用。这种分类能够符合体育运动的活动特点和运动项目的实际，充分展示体育用品和体育活动的关联。体育运动角度的分类方法主要有：以运动项目为依据分类、以使用功能为依据分类和以运动竞赛为依据分类。

2. 生产经营角度

生产经营角度分类着重于体育用品的产品设计生产、流通营销。这种分类能够符合体育用品的生产工艺、生产原料和市场开发、产品销售的实际。生产经营的分类方法主要有：《商品名称和编码协调制度代码》中的体育用品分类、体育博览会的展品分类和体育用品行业组织分类。

三、体育用品本土品牌建设

（一）体育用品本土品牌发展阶段

体育用品品牌是品牌中的一个细分，它主要界定于体育产业及其相关产业范畴。本土品牌也叫民族品牌、国产品牌或中国品牌，是指由中国企业原创，产权归中国企业的品牌。在中国，自从本土品牌这个概念被业界人士提出以后，随着社会、经济环境的变化和发展，其本身的概念内涵也在不断演变和更新。此外，了解我国体育用品本土品牌的发展历程，有助于体育用品本土品牌的建设。我国体育用品本土品牌经历了三个发展阶段。

1. 起步阶段（20世纪80年代至90年代初）

在改革开放的初期，我国商品存在着供不应求的现状，中国企业竞争环境相对宽松。在这种竞争格局之下，品牌这一概念对中国企业和消费群体还处在一知半解，甚至完全陌生的状态，中国企业对品牌的认识还普遍停留在商标层面，认为品牌只是一个识别商品的标记。在这样的大环境中，体育用品品牌也处于品牌的朦胧阶段。

2. 发展阶段（20世纪90年代初至90年代后期）

随着中国经济市场化向深度和广度推进，率先进入中国的跨国品牌开始空前繁荣，他们利用贴牌生产的方式向中国进行品牌输出，并以此获取高额利润，这种反差促使中国企业认识到品牌的真正价值。与此同时，中国的企业竞争环境日益激烈，企业的发展速度和规模也日益扩大，国内创造出不少品牌。全国各地的体育用品行业也兴盛起来。在这一时期，以李宁为代表的本土体育用品品牌开始崭露头角，并表现出强劲的发展后劲。

3. 国际化阶段（21世纪以后）

加入WTO后，中国体育企业经过多年的原始资本积累、技术水平的提升以及市场环境的磨炼，逐步地成熟起来，再加上国际知名品牌的全面进入，中国体育企业认识到国际竞争的紧迫性和必要性。随着中国市场全面开放，国际知名品牌、强势品牌蜂拥而至，国际品牌和国内品牌之间的竞争环境加剧，中国体育品牌积极应战，迅速融入到同世界品牌竞争的潮流中。党的十六大也明确提出"要形成一批有实力的跨国企业和知名名牌"，国家和企业对品牌建设更加重视。国家在政策层面上也积极鼓励有实力的企业实施"走出去"战略，使得中国体育企业参与国际化进程的热情得到极大激发。

（二）体育用品本土品牌建设的必要性

体育用品品牌建设是体育用品品牌建设主体对品牌进行的规划、创立、培育、扩张等行为过程。由于体育用品品牌既包括狭义的体育用品制造企业，也包括质量认证、集体标志等要素，所以，体育用品品牌建设的主体既包括基本建设主体——体育用品企业，也包括参与建设主体——政府和行业组织。

经过几十年的发展，我国体育用品逐渐形成一批具有一定影响力和竞争力的本土品牌，包括李宁、安踏、匹克、361°等。这些体育用品本土品牌的未来发展状况，是否具有更大的后劲和潜力，如何有效开发他们的品牌潜力，增强品牌美誉度，提升本土品牌资产，直接影响到我国体育用品在国际上的竞争实力。因此，关注和支持体育用品品牌的成长具有重要战略意义。然而，与阿迪达斯或耐克等国际著名品牌比较，我国本土品牌在传播力、影响力方面，仍存在着较大的差距，我国品牌建设实践还需大踏步走赶超路径。

第三章

体育用品本土品牌建设框架及模型构建

第一节　体育用品本土品牌建设的要素

体育用品本土品牌建设的总体目标：一是通过品牌建设，提升体育用品本土品牌的质量与品质，为消费者提供更多的顾客感知价值，改善品牌—消费者之间的关系质量，为自身品牌培育更多的忠诚顾客；二是通过品牌建设实施差异化竞争战略，构建持续强大的竞争优势，提高我国体育用品本土品牌的国际竞争力。但实现这一目标的途径是什么？或者说建设体育用品本土品牌的主要抓手是什么？体育用品品牌结构及其构成要素是体育用品品牌建设中最基本的问题。本书的体育用品品牌建设要素研究的思路是：在对品牌要素理论和评价理论进行深入分析的基础上，结合体育用品产业的特点，构建体育用品品牌建设要素的理论指标，然后进行体育用品品牌要素的消费者调查，并利用主成分分析法，将调研数据通过 SPSS 19.0 软件进行处理，以验证理论指标设计的可信性与正确性；在剔除不合格要素后，得到经过验证后的基于消费者认知的体育用品品牌要素指标体系。

一、体育用品品牌建设要素的研究视角

品牌要素是体育用品品牌的细分指标,在品牌评价领域称为品牌评价指标。体育用品品牌建设要素与体育用品品牌评价指标只是在不同研究领域中的称谓不同,其内容具有一致性。同样,体育用品品牌建设要素(指标)体系与体育用品品牌评价指标体系在内容上具有一致性。目前,对于品牌要素指标(品牌评价指标确定)确定的研究主要有三个视角。第一个视角,是站在消费者角度研究品牌要素,通过调查消费者对品牌的认知要素来确定品牌要素。第二个视角,是基于产品市场表现的品牌要素确定。该方法以市场为基础,综合考察市场、消费者、企业财务等方面影响品牌价值的各种要素来确定品牌要素。第三个视角,是基于财务资产的品牌要素确定。这个视角是按照影响企业财务资产的因素确定品牌要素,这一角度将品牌视为资产,认为品牌是可以用于交换的有价值的商品。下面具体分析三种确定品牌要素视角的特点和适用范围。

(一) 消费者认知

第一种品牌要素确定的视角是消费者认知。这种认知角度认为,顾客或消费者是品牌价值的源头,顾客对品牌的心理认知决定品牌的市场价值。此类方法多为定性评价,通过对消费者的调查得到品牌要素,主要从消费者对品牌的态度、情感、联想、忠诚、知晓度等方面进行分析。代表性研究成果如表3-1所示。

表3-1 基于消费者视角的品牌要素代表性研究成果

研究者	模型名称	要素指标	要素间的关系
Aaker	Brand Equity Ten	忠诚度(溢价、满意度/忠诚度)、品牌认知度(品质认知、领导性/普及度)、品牌联想度(价值、品牌个性、公司组织联想)、品牌知名度、市场状况(市场价格和销售区域、市场份额)	赋予每个要素10%的权重,加权求和

续表

研究者	模型名称	要素指标	要素间的关系
Keller	Costumer – Brand Brand Equity	品牌识别、品牌含义、品牌反应和品牌关系	层次递进关系，没有指出具体分析方法
Young 和 Rubican	Brand Asset Valuation	差异性、相关性、尊敬度（品牌地位）和认知度	品牌强度等于差异性与相关性的乘积；品牌高度等于品牌地位与品牌认知度的乘积
Park	Equity Trend	品牌卓越度、认知质量和用户满意度	线性因果关系
于春玲和赵平	品牌资产模型	品牌认知、品牌情感、行为意向、忠诚行为	加权求和关系

（二）品牌市场表现

第二种品牌要素确定的视角是品牌市场表现。这种评价视角是以品牌的市场表现为基础，认为品牌只有具有市场影响力，才能为企业带来溢价。皮特·弗昆哈（Peter Farquhar）（1990）认为，品牌价值是指对企业、经销商或消费者而言的，品牌赋予产品的附加价值。市场表现视角的品牌要素在品牌研究领域已经有不少应用。其中，Interbrand 品牌价值评价方法和 Financial World 品牌价值评价方法应用得最为成功。英国 Interbrand 公司（以下称英特公司）的品牌价值评价方法中的评价要素选取，就是以市场表现为主要要素指标。其品牌评价指标的确定步骤是：第一步，确定影响品牌价值的 80～100 个参数，并进行评分；第二步，对各种参数进行综合，合并成表示品牌要素的七个指标类别（市场领导力、稳定性、市场力、辐射力、趋势力、支持力和保护力），给出每个指标类别的分值。这些构成要素在品牌竞争中所起作用大小的不同决定它们在品牌竞争中所占权重的不同。Financial World 方法的品牌评价要素确定过程与 Interbrand 方法基本接近，主要不同之处是 Financial World 更多地以专家意见来确定品牌的评价要素。

（三）品牌的财务表现

第三种品牌要素确定的视角是品牌的财务表现。从财务角度来研究品牌，把品牌当作公司的一种无形资产，努力为公司的品牌资产提供一个可以测量的指标体系。基于财务角度的品牌资产评价方法，主要可以分为两大类：一类是狭义的完全财务意义方法，另一类是在财务评估的基础上，再考虑用非财务因素进行调整的更为广义的财务评估方法。从财务角度研究品牌资产的价值，其目的是：①向投资者提交财务报告，说明企业业绩。②为企业制定并购战略提供决策依据。在并购中必须对被兼并企业的资产状况做出正确的估算。③作为企业对外筹资的依据。④辅助企业制定品牌战略，合理配置资源。

综上所述，现有的品牌要素指标体系设计没有统一的视角。由于研究品牌要素指标体系的目的不同，也不可能有统一的研究视角。由于本书主要是对体育用品品牌建设问题进行探讨，而体育用品品牌建设效果是以消费者的认可为目标的，只有把消费者关注的品牌要素建设好了，消费者才可能购买这个品牌的相关产品，品牌资产价值才能体现。所以体育用品品牌建设要素的确定是由消费者认知决定的。也就是说，消费者关注体育用品品牌的哪些要素指标，体育用品品牌建设者就应该着重加强对这些要素的建设。基于消费者的体育用品品牌建设要素的视角，也是当代营销学之父菲利普·科特勒（2012）的"营销的目标是满足消费者需求"核心思想的体现。

二、体育用品品牌建设要素指标体系探讨

（一）要素指标的设计及设定

消费者对体育用品品牌建设要素指标的认知体现出消费者对体育用品品牌的需求倾向，是体育用品品牌建设要素确定的依据。本书体育用品品牌建设要素理论指标的设计思路是：在基于消费者的体育用品品牌要素指标调研的基础上，根据消费者购买行为的经典理论——消费者购买决策的五个阶段：问题认知—信息搜集—比较选择—购买决策—购后评价，以及菲利普·科特勒提出了三阶段模式：刺激—决策—选择，借鉴最具影响力的戴维·艾克（David Aaker）品牌评估系统和Interbrand评估法中的要素指标，本书设定了体育用品品牌建设要素的理论指标体系，包括5个要素大指标和16个分析指标，见表3-2。

第三章 体育用品本土品牌建设框架及模型构建

表3-2 体育用品品牌建设要素理论指标体系

计量项目	品牌知名度	品牌联想	质量与品质认知	价格适中度	品牌忠诚
操作指标	不提及知名度 提及知名度 品牌美誉度	品质质量联想 品牌个性联想 品牌形象联系 企业责任联想 企业信用联想	质量标志认知 品牌个性认知 品牌形象认知	定价适中度 调价适中度	购买行为忠诚度 口碑传播忠诚度 市场占有率

1. 品牌知名度

品牌知名度是指品牌被消费者知晓的程度。品牌知名度是影响消费者购买的重要指标之一。一般情况下，消费者都要考虑购买的体育用品是不是知名品牌，消费者一般认为，生产名牌体育用品的企业都会保证产品质量，维护品牌价值。品牌知名度可以分解为提及知名度、未提及知名度以及品牌美誉度三个指标。品牌知名度越高，同时美誉度越高的品牌产品，消费者购买越是放心，购买该品牌产品的人就会越多。

（1）提及知名度。知名度的衡量是一个比较困难的事情，学术界一般采用提及知名度和未提及知名度两个指标来衡量。提及知名度是指某一个品牌在别人或相关提示的提醒下才知道这个品牌是自己所知道的品牌。其衡量方法是采用公式计算：$N = Nr/Nn$。其中，N 指提及知名度，Nn 指被提醒人数，Nr 指被提醒人数中知道某一品牌的人数。

（2）未提及知名度。未提及知名度是指某一品牌在未经任何人提醒的情况下，在购买某种产品时对某一品牌就知道的比例。其计算公式是：$Nn = Nrn/Nnn$。其中 Nn 指未提及知名度，Nrn 指被访人数中未提及某品牌而知道这个品牌的人数，Nnn 指被访总人数。

（3）品牌美誉度。品牌美誉度是指某一品牌获得公众信任、好感、接纳和受欢迎的程度，在社会上被大家共同称颂的程度。社会上被共同认可的品牌美誉度越高，消费者越愿意支付溢价；品牌美誉度是消费者愿意支付溢价的基础，如李宁、安踏等，都比同类国内其他品牌的价格要高出20%~30%，溢价形成的原因主要是其品牌产品遍及社会的美誉度。

2. 品牌联想

品牌联想指看到品牌相关标识、符号或听到品牌名称等而想起这一品牌各种属性及其相关情况，主要包括品牌标识、名称、特征、属性及生产这一品牌产品的公司的一些相关情况。

（1）品质质量联想。品质质量联想是指当看到某个体育用品品牌的名称、标识、宣传广告或者听到其名称、代言人名称及所属企业名称等时，对这一品牌体育用品的品质和质量方面产生一种联想状况。

（2）品牌个性联想。品牌个性联想是指当看到某个体育用品品牌的名称、标识、宣传广告或者听到其名称、代言人名称等时，对这一体育用品品牌的突出个性、特征方面产生的一种联想状况。

（3）品牌形象联想。品牌形象联想是指当看到某个体育用品品牌的名称、标识、宣传广告或者听到其名称、代言人名称等时，对这一体育用品品牌的企业、消费者、产品和符号等方面形成的一种总体印象。

（4）企业责任联想。企业责任联想是指当看到某个体育用品品牌的名称、标识、宣传广告或者听到其名称、代言人名称等时，对生产这一体育用品品牌的企业承担的社会责任方面的总体产生联想情况。

（5）企业信用联想。企业信用联想是指当看到某个体育用品品牌的名称、标识、宣传广告或者听到其名称、代言人名称等时，对生产这一品牌体育用品的企业信用状况方面产生总体联想情况。

3. 品牌质量与品质认知

是指消费者对企业生产的品牌体育用品在满足消费者需求、解决消费者问题，并与竞争品牌进行比较后作出的关于品质和质量方面的总体价值评价，它超越了具体的产品或服务属性。质量与品质认知依据与品牌相关的产品或服务质量的总体声誉，是对品牌整体及其延伸的评价；不仅包括对这一品牌产品的质量、性能的认知，而且还包括品牌产品的标识、外观、个性、形象及科技等方面的感知认知状况。

（1）质量标志认知。是指消费者对品牌的质量标志水平的认知状况，是反映质量标志状况的指标。质量标志水平从低到高分别是区域性著名商标、国家驰名商标、中国名牌产品、中国免检产品等。

（2）品牌个性认知。是指消费者所感知到的体育用品品牌所表现出来的突出个性特征，品牌个性具有独特性、识别性和稳定性几大特点。大多体育用品品牌都具有"运动时尚"的品牌共性，但"特步"着重表现了其具有的"时尚、前卫、自由与叛逆"品牌个性，"让运动与众不同"的品牌宣言淋漓尽致地体现了特步强调体验式的运动和不为运动所累的玩运动态度。"年轻、时尚、阳光"是鸿星尔克（ERKE）一直以来倡导的生活方式，阳光是其中最核心的理念，代表着鸿星尔克独有的乐观向上的品牌态度，也是鸿星尔克品牌个性最好体现。

（3）品牌形象认知。品牌形象认知是指消费者对体育用品品牌的产品（服务）、所属企业、目标消费者等方面的整体性印象认知状况。如消费者对阿迪达斯产品的总体印象是质量上乘，科技含量比较高；由于李宁公司多次赞助国家体育代表团，人们把李宁公司与"一家具有社会责任感的公司"的企业形象联系起来；1999年3月，安踏首创的全国极限运动精英赛，人们总是把"极限挑战运动"与安踏公司形象联系起来。

4. 价格适中度

价格适中度是指某品牌体育用品在定价与调价时是否适应该产品的品牌定位、质量水平、消费者认知等方面的衡量指标。其具体指标分为定价适中度、调价适中度。

（1）定价适中度。定价适中度是指体育用品定价水平是否与本产品在消费者心中的地位、产品质量水平及消费者接受状况等方面相适应。价格是消费者购买品牌体育用品的一个重要考虑因素，消费者总是希望购买到性价比高的产品。体育用品企业也不可能无限制地提高体育用品的性价比，因为提高性价比在一定程度上是以牺牲企业的利益为代价的。体育用品企业实施的定价策略既要考虑性价比，又要考虑企业利润。所以，在性价比和企业利润之间找一个平衡点是体育用品企业的常态任务，这一平衡点就是定价的适中度。

（2）调价适中度。调价适中度是指体育用品企业在价格执行中调价幅度与灵活程度是否适中。一方面，体育用品特别是体育服装鞋帽包等，随着时间的推移和季节的更替，外在体育用品消费环境也会发生很大的变化，当季旺销的时尚产品随着时间的推移，变成了过季的过时产品，因此，体育用品企业要适度调整其价格。另一方面,体育用品消费市场竞争非常激烈,而且市场变化随时都在发生,体育用品的供求关系也经常发生变化,也需要经常调整其价格。无论提价还是降价程度都应该讲究策略,不能主观臆断做出决策,否则,都会影响品牌形象或总体销量。

5. 品牌忠诚

(1) 购买行为忠诚。购买行为忠诚是消费者购买某种品牌体育用品连续性状况。如果消费者对某一品牌体育用品不断重复购买,表明消费者对这一品牌的忠诚度高。某一品牌体育用品企业的购买行为忠诚顾客越多,表明这一企业所得到的顾客终身价值就越大。

(2) 口碑传播忠诚。消费者在购买和连续购买某一品牌体育用品的同时,还不遗余力地向他周围的人群介绍、宣传和推广这一品牌体育用品,使其周围的人群对这一品牌的体育用品形成认知,产生好感,甚至受影响而产生购买行为。口碑传播忠诚对购买行为忠诚具有非常大的正向影响力,能有效促进消费者的继续购买行为。

(3) 市场占有率。如果某种品牌在同类体育用品中市场占有率一直保持很高的比例,表明消费者对这一品牌的体育用品具有相当高的忠诚度。

(二) 问卷与样本

本研究认为,体育用品品牌建设要素的指标体系由品牌知名度、品牌联想、质量与品质认知、价格适中度和品牌忠诚5大类指标构成。体育用品知名度由不提及知名度、提及知名度和品牌美誉度3个小类指标构成。体育用品品牌联想由品质及质量联想、品牌个性联想、品牌形象联想、企业责任联想和企业信用联想5个小类指标构成。体育用品品牌质量与品质认知由质量标志认知、品牌个性认知、品牌形象认知3个小类指标构成。体育用品价格适中度由定价适中度和调价适中度2个小类指标构成。体育用品品牌忠诚度由购买行为忠诚度、口碑传播忠诚度和市场占有率3个小类构成。调查问卷的所有问项均采用李克特6点量表测量。

就"体育用品本土品牌建设要素"进行了问卷调查,在上海、广州、北京、西安和南昌五城市随机发放问卷 1000 份，回收有效问卷 828 份，有效回收率 82.8%。有效样本的基本特征如下：男女比例分别为 55.2% 和 44.8%，位于 18 岁以下的占 9%、18～24 岁的占 45%、25～30 岁的占 23%、31～35 岁的占 13%、36～40 岁的占 7%、41～50 岁的占 2%、51～60 岁的占 1%、60 岁以上的占 0；专科及以下学历者占 20%、大专占 22%、大学本科占 52%。硕士学历占 4%，博士学历占 2%。月收入水平集中于 5000 元这一区间，占 41%。总的来看，样本在人口统计特征上的分布比较均衡，具备本研究所要求的基本特征。

（三）体育用品品牌建设要素指标体系的实证分析

1. 数据的信度分析

数据可靠性，是指一组计量项目是否在衡量同一个概念，是衡量数据质量的一个重要指标。在实证研究中，学术界普遍采用内部一致性系数（Cronbach' α 值）检验数据可靠性。下面使用 SPSS 19.0 统计软件，计算各个计量尺度的内部一致性。计算结果见表 3-3。在本研究中，各个计量尺度及子尺度的内部一致性系数（Cronbach' α 值）都在 0.652 以上，表明各个计量尺度都比较可靠。

表 3-3 计量尺度的信度检验结果

隐变量	Cronbach' α 值	隐变量	Cronbach' α 值
X_{11}	0.727	X_{31}	0.756
X_{12}	0.812	X_{32}	0.891
X_{13}	0.867	X_{33}	0.778
X_{21}	0.831	X_{41}	0.821
X_{22}	0.827	X_{42}	0.811
X_{23}	0.813	X_{51}	0.795

续表

隐变量	Cronbach'α 值	隐变量	Cronbach'α 值
X_{24}	0.821	X_{52}	0.823
X_{25}	0.83	X_{53}	0.652

注：X_{11} = 不提及知名、X_{12} = 提及知名、X_{13} = 品牌美誉；X_{21} = 品质质量联想、X_{22} = 品牌个性联想、X_{23} = 品牌形象联想、X_{24} = 企业责任联想、X_{25} = 企业信誉联想；X_{31} = 质量标志认知、X_{32} = 品牌个性认知、X_{33} = 品牌形象认知；X_{41} = 定价适中度、X_{42} = 调价适中度；X_{51} = 购买行为忠诚度、X_{52} = 口碑传播忠诚度、X_{53} = 市场占有率。X_1 = 体育用品品牌知名度、X_2 = 体育用品品牌联想、X_3 = 体育用品品牌与品质认知、X_4 = 体育用品价格适中度、X_5 = 体育用品品牌忠诚。

2. 数据的效度分析

效度通过内容效度（Content Validity）和建构效度（Construct Validity）来评价。本书对各变量的衡量大多是在借鉴现有变量基础上形成的，并且经过理论和实践的相关专家甄别，因此具有较好的内容效度。

建构效度是指量表测量由理论所产生的变量间关系的系列假设的能力，它主要通过收敛效度（Convergent Validity）和区别效度（Discriminate Validity）来体现。本研究利用 LISREL 8.70 对本研究的测量模型进行确认性因子分析（Confirmatory Factor Analysis，CFA）来检验收敛效度和区别效度。在计量模型的确认性因子分析中，卡方值 χ^2 为 617.23（df = 285），计量模型与数据拟合程度指标 NFI、NNFI、CFI、IFI、RFI、GFI、AGFI 分别为 0.93、0.94、0.92、0.95、0.95、0.92、0.85。RMR 为 0.067，RMSEA 为 0.087，表明这个计量模型与数据的拟合程度很好。

确认性因子分析，标准化因子负荷，所测量问项 T 检验都显示显著，表明各问项在其所测量的变量上具有很好的会聚有效性。从表 3 - 4 的相关系数矩阵可以看出，测量模型中各个潜变量的相关系数的绝对值均小于 0.552，其置信区间（$\varphi \pm 2SE$）均不含有 1.0，表明数据有较好的判别有效性。综合以上分析表明，本研究数据具有较高的信度与效度。

3. 二阶因子模型分析与研究假设检验

笔者使用 LISREL 8.70 软件中极大似然估计程序，以表 3 - 4 中各隐变量的相关矩阵为输入矩阵,对前述设定的体育用品品牌建设要素理论指标体系进行验证,具体如图 3-1 所示。从拟合程度来看,二阶因子模型的拟合程度指标如下:尽管 p 值(0.000)是显著的,但 NFI、NNFI、CFI、IFI、RFI、GFI、AGFI 分别为:0.93、0.96、0.95、0.96、0.93、0.92、0.85;这些指标都大于 0.80,RMR 和 RMSEA 分别为 0.066 和 0.087,都小于 0.10,表明模型与数据的拟合程度很好。

表 3-4 各隐变量的相关系数矩阵

变量	X_{11}	X_{12}	X_{13}	X_{21}	X_{22}	X_{23}	X_{24}	X_{25}	X_{31}	X_{32}	X_{33}	X_{41}	X_{42}	X_{51}	X_{52}	X_{53}
X_{11}	1.000															
X_{12}	0.312	1.000														
X_{13}	0.355	0.377	1.000													
X_{21}	0.281	0.245	0.258	1.000												
X_{22}	0.209	0.354	0.098	0.327	1.000											
X_{23}	0.367	0.255	0.338	0.317	0.437	1.000										
X_{24}	0.275	0.324	0.244	0.318	0.434	0.343	1.000									
X_{25}	0.395	0.259	0.328	0.266	0.330	0.462	0.551	1.000								
X_{31}	0.424	0.237	0.235	0.253	0.428	0.353	0.422	0.226	1.000							
X_{32}	0.318	0.345	0.345	0.259	0.229	0.423	0.354	0.229	0.345	1.000						
X_{33}	0.343	0.217	0.345	0.323	0.320	0.553	0.512	0.326	0.333	0.325	1.000					
X_{41}	0.327	0.245	0.255	0.289	0.319	0.353	0.384	0.429	0.316	0.347	0.237	1.000				
X_{42}	0.315	0.244	0.318	0.319	0.229	0.423	0.354	0.229	0.347	0.343	0.345	0.259	1.000			
X_{51}	0.345	0.217	0.345	0.325	0.321	0.552	0.512	0.326	0.331	0.325	0.328	0.266	0.331	1.000		
X_{52}	0.328	0.245	0.255	0.287	0.320	0.353	0.384	0.429	0.316	0.346	0.237	0.342	0.215	0.345	1.000	
X_{53}	0.326	0.345	0.255	0.369	0.248	0.303	0.374	0.429	0.222	0.323	0.368	0.318	0.354	0.098	0.327	1.000
平均值	4.196	5.011	4.962	4.680	3.883	4.556	4.253	4.296	3.407	3.732	4.186	4.292	3.956	3.233	3.435	
标准差	1.126	0.915	1.053	1.066	1.072	1.125	1.106	1.142	1.073	1.075	1.205	1.032	0.977	1.031	1.023	

注:表中代码含义与表 3-3 相同。

如图 3-1 所示,体育用品顾客忠诚指标中的市场占有率的标准化估计值为 0.21,T 值不显著,得不到验证。其他所有操作指标均得到验证,获得强力支持。

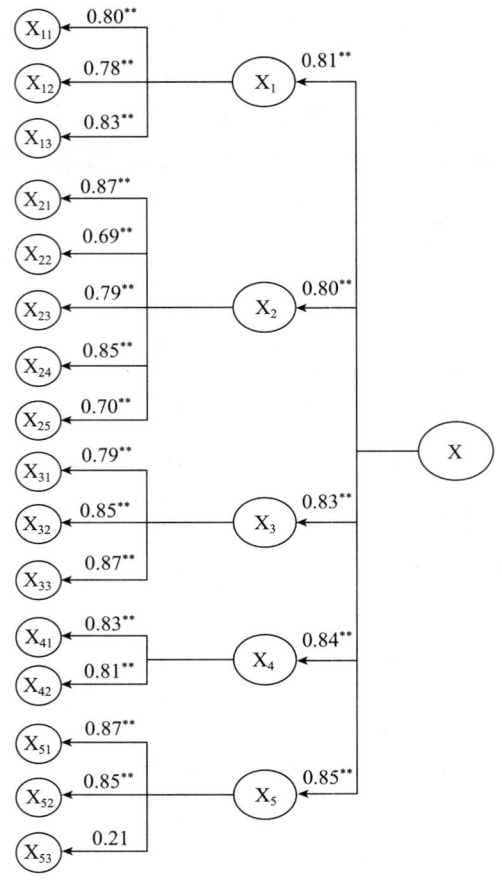

图3-1 体育用品品牌建设指标二阶因子模型及其系数

注：*表示0.01显著性水平，**表示0.001显著性水平，没有*表示统计不显著；图中的虚线箭头表示路径假设没有得到支持。图中代码含义与表3-3相同。

（四）体育用品品牌建设要素指标体系的确定

通过前面的验证分析发现，体育用品品牌建设要素的指标体系主要由品牌知名度、品牌联想、品质认知、价格适中度和品牌忠诚5个小类构成。其中，体育用品品牌知名度由不提及知名度、提及知名度和品牌美誉度3个操作指标构成；体育用品品牌联想由品质质量联想、品牌个性联想、品牌形象联想、企业责任联想和企业信用联想5个操作指标构成；体育用品品牌认知由质量标志认知、品牌个性认知、品牌形象认知3个操作指标构成；体育用品价格适中度由定价适中度和调价适中度2个操作指标构成；体育用品品牌忠诚由购买行为忠诚度、口碑传播忠诚度和市场占有率3个操作指标构成。体育用品品牌忠诚中的市场占有率标准化估计值为0.21，T值不显著，验证不合格，把这个操作指标剔除。验证后的指标体系如表3-5所示。

表3-5 体育用品品牌建设要素理论指标体系（验证后）

计量项目	品牌知名度	品牌联想	质量与品质认知	价格适中度	品牌忠诚
操作指标	不提及知名度 提及知名度 品牌美誉度	品质质量联想 品牌个性联想 品牌形象联想 企业责任联想 企业信誉联想	质量标志认知 品牌个性认知 品牌形象认知	定价适中度 调价适中度	购买行为忠诚度 口碑传播忠诚度

第二节 体育用品本土品牌建设主体

通过对体育用品本土品牌建设要素指标体系的分析，掌握了体育用品本土品牌建设的主要指标，明确了进行体育用品本土品牌建设的努力方向。然而，体育用品本土品牌的创建与发展，并非只有体育用品企业单方面努力就可做好，涉及多个主体，需要多个主体协同合作，共同努力，方可创建我国体育用品的强势本土品牌。在介绍我国体育用品本土品牌的建设主体基础上，重点分析体育用品本土品牌建设中各主体的主要职能，以及体育用品产业价值链中各主体之间的相互关系。

一、体育用品本土品牌的建设主体

体育用品品牌建设是一个涉及多个主体的系统工程。可以将体育用品品牌建设的主体划分为狭义体育用品品牌建设主体和广义体育用品品牌建设主体。狭义体育用品品牌建设主体,即体育用品品牌建设的基本主体,主要是拥有体育用品品牌的所有权和收益权的体育用品生产和销售企业,这些体育用品企业是独立的市场主体,具有独立法人资格,是一个以营利为主要目的而存在的经济组织。广义体育用品品牌建设主体即参与建设体育用品品牌的所有组织和个人,不仅包括体育用品企业,而且还包括政府、体育用品行业组织(协会)、渠道分销商等,具体如图3-2所示。

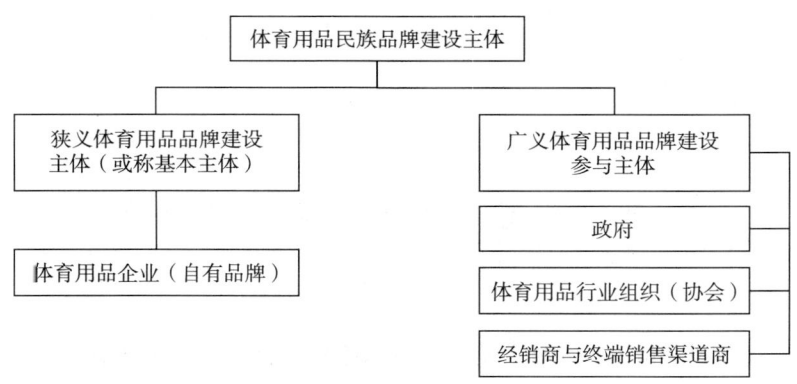

图3-2 体育用品品牌建设主体结构

实践中,狭义体育用品品牌的规划者、申请者、培育者、所有者及受益者都是体育用品企业。理论上,体育用品品牌作为体育用品企业持续经营的工具,能够为企业带来长久利益,实现体育用品企业的可持续发展,体育用品企业具有建设体育用品品牌的直接利益动因,愿意积极投身于体育用品品牌建设中去,所以,体育用品企业是体育用品品牌建设中的主要的和基本的主体。体育用品品牌建设的参与主体是参与并影响体育用品品牌建设行为的组织或个人,主要包括政府、体育用品行业组织（协会）、渠道分销商三方面主体。

在体育用品品牌建设中需要政府的直接参与。由于我国体育用品企业的地域分布比较集中，主要集中在福建、广东、山东和江浙沪地区，因此，我国体育用品品牌除了具有品牌私有性外，还具有较强的外部性和区域品牌特性。体育用品企业在地域分布上较为集中，形成了体育用品产业集聚区，比如福建省的泉州、晋江地区聚集了安踏、匹克和特步等知名的体育用品品牌企业，这一地区也有"运动品牌之都"的美誉；体育用品区域品牌包含的集体标志和地域标志等非企业自主建设的广义体育用品品牌内容都离不开政府特别是当地政府的直接参与和支持，所以，政府是体育用品品牌建设的主要参与主体之一。参与体育用品品牌建设中的政府既包括中央政府，也包括地方政府。在中央政府层面，市场环境宏观管理、质量管理、商标管理等政府相关职能机构承担着体育用品品牌建设的倡导、品牌建设政策引导、体育用品质量标准的制定、体育用品商标管理和体育用品品牌的市场维护等职责。在地方政府层面，体育用品品牌建设参与者既有市场秩序管理、质量管理、商标管理机构参与，有时还有公安、财政等部门的参与。地方政府要负责体育用品企业私有品牌和区域品牌建设的督促、质量标准的强制实施、市场秩序维护和具体执法等职责。体育消费的正确引导和体育消费环境的构建都需要各级政府的参与，而这些对体育用品品牌建设至关重要。

体育用品行业协会（Sporting Goods Industry Association），是指在坚持自愿的基础上，以市场为导向，从事体育用品生产、加工、贸易等经济活动的体育用品生产或销售企业，围绕体育用品中的某一细分产业、产品和区域建立起来的，实行社团法人、行业自律、民主管理、自主决策的非营利性社会组织。体育用品行业协会为其行业成员搜集和汇编有关供求各方面的数据资料，包括体育用品生产成本、价格、生产规模、销售、运输、存货和生产能力等方面的资料。体育用品行业协会既是体育用品集体品牌的建设主体，也是体育用品企业的自有品牌建设参与者。集体品牌属于俱乐部产权性质，不能交由体育用品企业进行建设，政府作为体育用品品牌的裁判员，也不能成为集体品牌的建设者，体育用品行业协会就承担体育用品集体品牌建设的职能。体育用品行业协会不仅是体育用品集体品牌的建设者，还是体育用品（狭义）品牌建设的参与者。主要体现在，体育用

---

① 体育用品行业组织（协会）在本书中就统称为体育用品行业组织。

品企业的产品品牌建设需要体育用品行业协会的市场协助、产品质量监督、集体品牌帮助等；体育用品行业协会对本行业中的企业自律的教育、检查和监督，对体育用品企业的品牌建设具有重要的支持作用。例如中国体育用品联合会（China Sporting Goods Federation，CSGF）长期以来致力于为体育用品企业服务，推进体育用品企业的联合，发展体育用品生产、促进体育用品流通，在组织信息交流、提高体育用品质量、扶持和推广名牌产品、培育体育市场方面进行了广泛、深入的工作，得到了广大体育用品企业的信任与支持，对我国体育用品企业的本土品牌建设做出重要贡献。

经销商和终端销售渠道商是指将体育用品从生产商转移到消费者的组织和个人，渠道分销商包括实体渠道的分销商和网络渠道分销商。渠道分销商是体育用品品牌建设中非常重要的参与主体，对体育用品品牌建设具有重要的推动作用。首先，渠道分销商直接与消费者接触，能够获得消费者对于品牌的需求偏好、投诉建议和反馈评价等一手市场信息，这些市场信息对于体育用品品牌建设非常重要；其次，消费者对某一体育用品品牌的价值感知也大多来自渠道分销商，诸如消费者感知的品牌文化、品牌形象、服务质量及关系质量等，大多由渠道分销商直接提供；最后，渠道分销商在很多时候充当着体育用品企业的品牌建设执行者角色。渠道分销商把收集到的一线市场信息反馈给体育用品企业总部，有利于体育用品企业改进产品质量、改善服务体系，提供符合消费者需求的产品和服务，从而提升体育用品企业及其品牌美誉度，改善品牌形象，最终提升消费者与体育用品企业及其品牌之间的互动关系质量。需要说明的是，在体育用品品牌建设中，有时政府、体育用品行业组织为了实现促进本地、本组织品牌建设的目的，直接或间接进行区域品牌的推介建设；实力雄厚的渠道分销商为了实现可持续经营的目的也直接建设自有的分销商品牌，甚至向后兼并扩张，形成强大的分销商自有品牌。

二、体育用品本土品牌建设各主体的职能

（一）体育用品品牌建设中的体育用品企业职能

体育用品品牌建设的基本主体是体育用品企业。体育用品企业在体育用品品

牌建设中起着决定性的作用。下面分析体育用品品牌建设基本主体——体育用品企业在体育用品品牌建设中的职能。

1. 体育用品企业是品牌定位的决策主体

体育用品品牌定位是指针对体育用品市场和潜在消费者，使自己的产品与竞争对手相区别，在消费者心目中建立起品牌的固定位置，使之成为目标消费者群体的首选品牌。品牌定位不完全等同市场定位，而是品牌在体育用品消费者心目中具有什么样的特色和占据什么位置，即某体育用品品牌在消费者头脑中如何独树一帜。

体育用品品牌定位对于体育用品企业的品牌建设来说是极其重要。表现在三个方面：

第一，明确体育用品品牌定位有助于消费者记住品牌信息。经过定位的品牌所传达的信息才是消费者所需要的信息。匹克品牌定位是专业篮球装备第一品牌，在行业内扮演篮球运动装备专家的角色；倡导不断战胜自我、挑战极限的进取精神，崇尚执着为理想和目标奋斗，勇夺第一的人生境界。主体消费群定位在18~30岁的篮球运动员和篮球运动爱好者，辐射范围为14~35岁的运动爱好者。

第二，明确体育用品品牌定位能够突出品牌个性，满足消费者个性化需求。当消费者的基本需要得到满足后，个性化需求就成了消费者的普遍追求。品牌能否满足消费者的个性化需求，是品牌定位的关键。如特步，品牌个性表现为"时尚、前卫、自由与叛逆""让运动与众不同"的品牌宣言淋漓尽致地体现了特步强调体验式的运动和不为运动所累的玩运动态度。然后构建了"特步——时尚前卫、自由叛逆，与众不同"的联想，逐步形成了特步体育用品在大脑中的"脑图"，脑图的形成标志着记忆的成功。

第三，明确定位是品牌整合营销传播的基础。我国已经进入一个整合营销传播时代，单纯的广告轰炸已经使得消费者感到疲倦甚至厌烦。整合营销传播的品牌定位也就是将顾客心目中潜在的购物欲望挖掘出来，使这种欲望转化为一种购物冲动，这种冲动就是由于受了这种品牌清晰定位的影响形成的。体育用品品牌定位的决策者是体育用品企业。制定体育用品品牌定位的战略规划，选择定位方式，实施定位计划，定位传播方案等都由农业企业来承担。

2. 体育用品企业是品牌体育用品质量的控制主体

质量是品牌建设和品牌发展的根基，是品牌竞争的基础，也是品牌赖以生存的首要物化指标。生产和经营符合品牌质量要求的产品是体育用品企业的基本职能；品牌体育用品的质量控制是体育用品企业按照有关标准和企业品牌建设目标，实施对体育用品产供销各环节的质量监控和保障。1998 年，李宁公司就建成了中国第一个运动服装与鞋的设计开发中心，2001 年，李宁公司与意大利及法国著名设计师签约，产品设计走上专业化和国际化的道路；2006 年 9 月，李宁公司推出鞋产品的专业科技平台——"李宁弓"减震科技；2008 年 11 月，李宁在公司总部内，正式挂牌"李宁运动科学研究中心"，下设运动生物力学实验室、鞋机械测试实验室及脚型与鞋楦型研究实验室。安踏公司也非常注重通过研发提升产品质量，2005 年在国内成立了体育用品行业的第一家运动科学实验室，致力于运动力学的研究，旨在提高中国运动员的表现，有助于提升其产品的质量。体育用品企业的质量控制主要有原材料采购环节质量控制、研发环节的质量控制、生产环节质量控制、销售环节质量控制。采购环节质量控制，是指体育用品企业在采购原材料过程中对体育用品质量的标准制定和实施过程；研发环节的质量控制是指按照消费者需求及科学原理，从研发方面提升体育用品质量的过程；生产加工环节质量的控制，是指体育企业在对体育用品原材料进行生产加工处理过程中，按照有关标准和企业目标进行质量监控和质量保证的过程；销售环节质量的控制，是指体育用品企业在体育用品销售过程中，对体育用品储存、运输、搬运各环节的外形、质地等质量要素的监控和质量保证的过程。

3. 体育用品企业是品牌体育用品价格的决策主体

体育用品的价格是影响消费者购买的重要因素，消费者购买体育用品价格指标的标准是价格适中度。价格适中度是根据某品牌体育用品的品牌定位、质量水平、消费者品牌认知度等方面对其价格定位水平是否适度的衡量指标。其具体指标分为定价适中度、调价适中度。消费者一般认为价格太低，质量不保；价格太高，水分太大。所以选择物有所值的体育用品是消费者心中的理想状态。体育用品价格是体育用品企业实现盈利的决定性环节，体育用品价格减去其成本才是体育用品企业的利润，主观上，体育用品企业都有制定较高价格的愿望，通常情况下市场销售量与价格成反比,为了实现较大销售量,体育用品企业也不得不权衡单位体育用品盈利和市场销售量的关系,以此制定、调整体育用品价格。

(1) 制定定价机制。品牌体育用品价格是消费者选择的重要因素,是品牌体育用品的竞争手段,也是品牌体育用品定位和品牌文化的反映。消费者购买过程是一个心理决策过程,在这一过程中,消费者要对所购不同品牌的同类体育用品进行一个横向比较和纵向比较。所谓横向比较,是指消费者要将所购买的体育用品与其他同质量、同定位的体育用品进行价格比较,在市场上没有完全相同质量和相同定位的体育用品时,消费者要对性价比进行比较。所谓纵向比较,是指消费者购买品牌体育用品时,要将体育用品价格和自己的收入水平进行比较,即所谓荷叶多大,粽子就多大。品牌体育用品的价格既要在横向上有竞争力,又要符合消费者的购买能力,才能成为消费者购买的对象,才能在市场竞争中胜出。同时,体育用品企业作为市场中的经济组织,其经营目标是生存和发展,体育用品价格一定要保证其营利性,否则,价格竞争力是一句空话。所以,品牌体育用品的定价适中度是有一个在保证其盈利的基础上,实现价格竞争力动态平衡指标。

(2) 制定调价机制。制定调价机制是品牌体育用品经营过程中,不可或缺的制度安排。原因有三:一是由体育用品的季节性及流行时尚特征所决定的;二是在一定时期内流行时尚款式体育用品供需关系变化无常;三是竞争状况的随时变化。首先,体育用品季节性及流行时尚性随着时间的推移其价格会发生变化,当季流行的价格自然要高,通常情况,过季以往流行的体育用品价格会有较大折扣,需要调整价格以适应消费者心理需要。品牌体育用品过季、过流行变化造成的价格调整是品牌体育用品价格调整的经常性措施。其次,因供求关系造成的品牌体育用品价格调整是常见现象。体育用品的供求关系变化受季节、大众倡导及媒体宣传因素及体育消费环境等因素影响,使得初级体育用品的供求关系会发生变化,初级体育用品收购价格的变化必然导致品牌体育用品生产企业销售价格的变化。最后,市场中的竞争是永恒的,价格竞争永远存在于市场竞争之中。品牌体育用品价格面临的价格竞争更为复杂、更为隐蔽,大多时候,竞争对手降价都披着某种看似合理的理由,如周年庆典促销、过季折扣促销、购物节促销等,因此,判断市场竞争方式的难度更大。

4. 体育用品企业是品牌文化的建设主体

（1）品牌文化是品牌的灵魂，体育用品品牌文化是体育用品品牌美誉联想度建设的基础，体育用品美誉联想度是体育用品消费者愿意支付溢价的前提。体育用品企业是品牌文化的建设主体。品牌文化反映企业的经营宗旨、经营哲学等企业深层特征，是企业文化的表现方式之一。企业文化是通过品牌被消费者认知的，因此，体育用品品牌文化从消费者角度看等同于体育用品企业文化。思想清晰、积极向上、符合消费者心智的品牌文化是消费者品牌忠诚的必备要素。在关于品牌文化的研究中，学者们对品牌文化的构成要素认同相对一致，大致将品牌文化的构成分为两个层面：物质文化层面和精神文化层面。

体育用品品牌的物质文化是品牌的表层文化，是体育用品品牌文化思想的实物体现。体育用品品牌物质文化可以分为体育用品特质和体育用品符号集成两方面。体育用品特质包括体育用品的功能和品质质量特征，是体育用品消费者对品牌的基本需求，同时也是消费者对品牌功能价值的评判标准。安踏的核心价值观是"品牌至上，创新求变，专注务实，诚信感恩"；安踏曾经有一批产品出现质量问题，安踏总裁丁志忠号令全部召回，带头拿起一双鞋放进了绞碎机，有的员工当场就落泪了。体育用品符号集成是多种体育用品品牌识别元素的统称，其中包括视觉部分，如体育用品品牌的名称、标志，款式等；听觉部分，如体育用品企业的企业家讲话、广告音乐等；触觉部分，如体育用品用料的手感，服装鞋帽包的触感等。不管是体育用品品牌的物质文化中的体育用品功能、品质等特征，还是体育用品品牌的符号集成元素中的品牌名称、标志等都是体育用品企业根据品牌定位进行的规划，其建设者肯定是体育用品企业。

（2）体育用品品牌精神文化，是品牌在企业经营中形成的一种意识形态和文化观念。它是体育用品品牌文化的核心，也是体育用品品牌的灵魂。有学者将品牌精神文化分为利益认知、情感属性、文化传统、个性形象四个方面；也有学者认为品牌精神文化体现在品牌精神、品牌愿景、品牌伦理道德、价值观念和目标等方面。结合体育用品的特点，体育用品品牌精神文化可以通过体育用品品牌利益认知、体育用品品牌价值观、体育用品品牌情感、体育用品品牌伦理、体育用品品牌魅力和品牌底蕴六个方面来进行测度和考察。其中，体育用品品牌的利益认知，是指体育用品消费者认识到品牌产品的功能特征所带来的利益。体育用品消费者在对品牌的认知过程中,会将品牌的利益认知转化为一定情感上的利益,体育用品消费者在购买体育用品功能利益的同时,也在购买体育用品带来的情感属性。体育用品品牌价值观是品牌在追求经营成功的过程中所推崇的基本信念和信奉的目标。体育用品品牌情感是品牌在感觉与情绪上对消费者的影响和触动,是品牌与消费者建立起亲密私人对话的有效方式。除此之外,本书认为,体育用品品牌精神文化还表现在品牌魅力和体育用品品牌底蕴这两个方面。所谓体育用品品牌魅力,是指体育用品品牌所具有的独特风格,蕴含着一定的主题和特色。所谓体育用品品牌底蕴,是指品牌承载着一定的企业文化,甚至能够体现产品产地的风土人情和本土特性等地方特点。无论体育用品品牌的精神层面的利益认知、情感属性,还是文化传统等都是体现企业文化的特征,都是体育用品企业品牌建设的内容,而不是其他主体的建设内容。

5. 体育用品企业是狭义体育用品品牌的注册主体

体育用品品牌的核心内容是产品品牌,即狭义体育用品品牌。狭义体育用品品牌的注册是体育用品企业品牌建设的重点和基本内容,狭义体育用品品牌将要承载企业体育用品质量、功能、个性等本企业产品的特征,是消费者认识产品的引荐人和记忆符号。狭义体育用品品牌是体育用品企业自有的无形资产,其注册使用有完全的自主权,在法律允许的范围内不受其他集体组织约束,所以注册体育用品狭义品牌是体育用品企业自己的责任。狭义体育用品品牌注册是体育用品企业品牌建设中必须要完成的工作,没有狭义体育用品品牌,企业就没有办法体现自我价值,无论体育用品企业使用多少集体品牌都无法体现本企业的特征,企业无法永续发展。

6. 体育用品企业是企业家形象的塑造主体

企业家是体育用品企业的代表,也是体育用品品牌的首席代言人;具有良好形象的体育用品企业家是体育用品品牌联想的最好素材,消费者购买某一品牌体育用品往往会因为生产这一品牌体育企业掌门人具有良好的社会形象和社会责任意识。企业家形象代表着企业的价值取向、产品质量的态度、企业社会责任感等。要想成为一个消费者信任的品牌,首先要有一个消费者信任的企业家。体育用品企业家是以经营体育用品企业为职业的人,能够通过自身的判断性决策和创新活动，协调企业生产和经营活动，实现企业持续发展。体育用品企业家需要创造性地通过对各种资源的整合，以体育用品企业为依托，以市场为导向，以体育用品品牌为标志，精心培育体育用品企业的核心竞争力，选择适应企业生存与发展的体育用品企业文化，制定并实施企业发展的中长期发展战略，努力把体育用品企业及其品牌做大做强。

体育用品企业家除具有一般企业家的特点外，还要具备符合我国体育特殊环境要求的特点，才能带领我国体育用品企业创建名牌，实现品牌体育用品的建设目标。这些特点表现为：

第一，体育用品企业家要有更强的市场预见能力。体育用品市场是一个竞争充分的市场，而且随着体育用品消费市场环境的网络化趋势，消费者理性和市场信息检索能力的日益增强，市场需求日益变得复杂而难以预测。因此体育用品企业家对体育用品的市场预测能力要求比一般工业企业家更高。

第二，体育用品企业家应对市场环境变化的能力要更高。

第三，体育用品企业家控制生产的能力要更全面。

第四，体育用品企业家资源使用效率的意识要更加突出。

第五，体育用品企业家处理复杂问题的能力要求更高。大多体育用品企业都通过各种形式与运动员、参赛团队或运动协会形成了战略合作关系，在比赛场上存在着太多的不确定因素；大多的运动品牌都与知名运动员合作，聘请他们作为其品牌的形象代言；由于体育用品企业合作方的突发事件，会对与之关联的体育用品品牌造成各种影响。因此体育用品企业家要具备处理复杂问题的能力。

7. 体育用品企业是体育用品品牌的传播主体

品牌传播是品牌建设的重要组成部分。买方市场的特征之一是"酒香也怕巷子深"，没有品牌传播，品牌知名度就无法提高，品牌知名度是消费者购买体育用品的选择要素之一。体育用品品牌传播的主要方式主要有以下几种：

第一，大众广告。广告是体育用品企业品牌宣传最经常、最广泛采用的一种品牌传播方式。体育用品广告是通过特定的媒体传播体育用品信息，以促进体育用品销售为主要目的大众传播手段。在激烈的市场竞争中，体育用品品牌知名度的形成已经不能单纯依靠自然传播的方式实现，消费者需要体育用品广告来选择信息，企业需要通过广告增加信息传播。品牌知名度的扩大必须借助适当的品牌广告组合来实现。

第二，赞助营销和明星形象代言。很多的体育用品品牌在其过去和当下，都与知名运动员、运动团队和体育行业协会合作，实施赞助营销传播和明星形象代言。李宁公司长期致力于体育事业的发展，曾先后与 NBA、ATP 等国际顶级赛事和组织结为战略伙伴。与奥尼尔、柳比西奇等国际顶级运动员合作，与西班牙奥委会、西班牙篮协、瑞典奥委会、阿根廷篮协合作。从 1992 年巴塞罗那奥运会开始，李宁公司伴随中国奥运军团一路走来，长期支持中国体操、跳水、射击、乒乓球、羽毛球五支"金牌梦之队"。安踏是中国各项专业赛事的忠实合作伙伴，中国体育事业的飞速发展给体育品牌带来了无限的机遇，作为中国体育事业的忠实合作伙伴，安踏长期支持中国男子篮球职业联赛（CBA）、中国奥委会合作伙伴，因为对中国体育赛事的支持，安踏被誉为"中国联赛的发动机"。

第三，品牌社群。在网络媒体和社交媒体兴起后，体育用品企业大多构建以自身品牌为纽带的品牌社群，增加与自身品牌消费者互动，提升品牌企业与消费者之间的关系质量。国内的知名体育用品品牌如李宁、安踏、特步等都建立了自己的品牌社群，加强与其消费者互动，改善了品牌—消费者的关系质量，使自身的品牌资产大大提升。

第四，公共关系。企业公共关系是指体育用品企业在从事体育用品品牌建设中正确处理企业与社会公众的关系，以便树立体育用品企业和体育用品的良好形象，从而促进体育用品销售的一种活动。1998 年 8 月，中国遭遇百年不遇的洪水灾害，李宁公司向江西、安徽、湖南、湖北、东北等地赈灾 600 万元人民币。体育用品的市场广泛，涉及社会各阶层，任何一方面的正面或负面的评价都会影响体育用品品牌在消费者心目中的形象，所以体育用品企业要格外注意企业与媒体、消费者、金融等公众的关系，树立良好的公众形象。体育用品品牌需要通过广告、产品促销、公共关系等方式进行，这些推介方式必须也由体育企业去完成。

（二）政府在体育用品品牌建设中的职能

政府在体育用品品牌建设中主要承担体育用品质量标准的制定、体育用品质量标志的认定、体育用品品牌注册管理以及调整和管理体育用品企业与其他市场主体之间的冲突关系，制定相关的政策和法规维护市场秩序等。

1. 政府是体育用品品牌质量标准化体系的制定主体

制定体育用品标准是政府参与体育用品品牌建设的重要内容。体育用品标准化投资的相当部分具有公共物品的性质。这要求政府在体育用品标准化工作中起主导作用，并成为主要的投资者，如果政府对基础设施的投资不足，那么基础设施的供应就会不足。追求自身利润最大化的经济个体是不会主动投资于这些设施的。从经济学的角度讲，当经济主体的经济行为存在外部性的时候，会降低该经济主体的积极性，因为其产出没有得到相应的回报。当存在较强的外部经济时，经济学上的解决方案通常是政府介入。国家体育用品质量标准属公共物品范畴，只有政府或政府授权的机构才具备制定国家体育用品质量标准的权力。

2. 政府是体育用品品牌建设的倡导主体

政府为了实现品牌带动经济发展目标，非常希望建设大量的体育用品名牌。打造强势体育用品品牌，创建以强势品牌为中心的体育用品产业聚集区，不仅有利于带动区域经济发展，解决就业人口，增加地方政府的税收收入，而且是区域经济转型升级的必然路径。因此，各区域政府有关部门应极力倡导体育用品品建设，提升品牌竞争力。

3. 政府是体育用品品牌建设的服务主体

体育用品是一个竞争比较充分的行业，我国体育用品企业大多是民营性质的企业，从一开始实力就比较薄弱，所以体育用品品牌建设需要社会各界的帮助和支持，尤其是政府作为体育用品品牌建设环境的影响者和主要因素，对体育用品品牌建设和发展发挥着举足轻重的作用。体育用品品牌建设有很多困难，如品牌保护、资金扶持、国际品牌建设等问题都需要政府给予帮助，离开了政府的帮助，体育用品本土品牌建设几乎是不可能的。

4. 政府是体育用品品牌注册和管理的主体

政府是体育用品品牌注册和管理的主体。《商标法》明文规定，我国商标注册和管理孔构是政府工商管理机关，体育用品商标的注册申请由各级政府的商标管理机关受理，最终由国家商标总局予以审核注册。政府也是质量标志的注册与管理主体。质量标志是消费者购买体育用品的重要参考依据，是体育用品品牌中具有公信力的品牌标志部分。因此，为了规范体育用品市场和保障公众的健康安全，政府需要通过对体育用品的品牌管理，保证体育用品质量安全和体育用品市场良好的秩序。政府应该规范体育用品品牌的准入和管理。政府应该规范体育用品品牌的标签和品牌宣传，保证经营者向消费者传递信息的真实性，禁止任何对消费者行为产生误导的宣传。

5. 政府是体育用品品牌的评价和监督主体

随着商品经济的深入发展，市场涌现出纷繁庞杂的体育用品品牌。在信息不对称的情况下，消费者很难在众多品牌中进行理性的选择，因此对体育用品品牌的审定和评比工作是非常必要的。同时，由于体育用品品牌的建设者是具有经济属性的体育用品企业，逐利是企业的本性，当眼前利益和品牌长远利益或消费者利益发生冲突时，一些短视的企业家总会顾眼前而弃长远，顾企业而弃顾客，导致损害品牌、损害消费者事件频频发生，这就需要政府对品牌所有者进行监督引导，解决企业的实际困难，纠正企业短期唯利的行为。品牌评价是品牌监督的一种有力措施，在政府对体育用品品牌管理中起着重要作用。但是，政府的品牌评价必须是公正客观的，否则，政府的品牌评价结果就会失去公信力。

6. 政府是体育用品品牌的保护主体

体育用品品牌是知识产权的重要组成部分，体育用品品牌的建设离不开体育用品品牌的保护。体育用品品牌注册目的是保护品牌所有权不受他人侵犯；但现实中，侵犯和冒用他人品牌的实例经常发生，需要政府行使其行政权力并配合司法机关进行打击和处理。安全有序的市场环境和竞争机制是体育用品品牌建设的必要条件，这一环境的建设主体就是政府。

7. 体育用品本土品牌与品牌国际化需要政府的支持

体育用品品牌的国际竞争力是一个国家的国际竞争力的综合体现，也是本土素质和国家经济实力的象征。一个国家体育用品在世界各国消费者心目中的整体品牌形象被称为体育用品国家品牌形象，是一个国家体育用品品牌形象的总和。

一个国家的体育用品品牌形象与企业单个体育用品品牌形象有密不可分的关系，是总体与个体、整体与局部的关系。研究表明，国际市场上消费者购买体育用品时，国家体育用品品牌形象要素是消费者关注的首要要素。体育用品国家品牌建设不是某一个企业可以胜任的，它是整个国家的相关部门共同努力的结果，是政府推动的结果。另外，体育用品品牌的国际化需要政府的介入，单个企业的体育用品品牌推广在国外竞争面临很多不利条件，需要政府的支持和帮助。

（三）体育用品行业组织（协会）在体育用品品牌建设中的职能

1. 体育用品行业组织实施区域集体品牌的管理

集体品牌的申报和管理主体是地方体育用品行业协会。体育用品集体品牌包括体育用品区域集体品牌和行业集体品牌。体育用品区域集体品牌建设的倡导者虽然是政府，但政府不能作为品牌所有者进行注册，一般情况下，政府都要委托行业协会进行申报和管理。

2. 体育用品行业协会支持行业内体育用品企业品牌建设

体育用品行业组织在体育用品品牌建设中的另一个职能是发挥其人才资源优势、桥梁资源优势等为体育用品品牌建设的企业提供支持。首先，消费者对行业组织的信任程度一般要高于一般企业，行业协会的集体品牌就是企业可利用的资源，企业可以利用行业协会的品牌协助推出企业产品品牌。其次，行业协会是多家企业参加的企业联合体，行业组织可以协调组织内部的资源，协助解决体育用品品牌建设企业在资金、人才、对外宣传等方面的困难。

3. 体育用品行业协会帮助品牌体育用品生产企业开展营销活动

要建立有竞争力的品牌离不开强有力的产品和品牌营销。由于体育用品品牌具有外部性，区域内的体育用品经营者往往对一些公共性的品牌促销活动不太积极。因此，涉及具有公共利益的营销活动，行业协会可以统一协调。另外，行业协会具有组织行业内联合谈判的资源优势，比单个企业的谈判力大得多，话语权要重得多。

4. 体育用品行业协会加强行业自律、维护品牌体育用品经营企业利益

在没有行业协会或行业协会职能弱化的地区，知名体育用品品牌被冒充，品牌被冒用，甚至同行企业盲目竞争，互相压价现象常常发生，不但在国内市场上造成品牌混乱，而且在国际市场上也造成很坏的影响。体育用品行业协会能够帮助业内各成员树立长远利益观念，督促所有成员共同努力，加强行业内的协调，对有损区域品牌的行为起到约束作用。体育用品行业协会建立行业内企业的沟通平台，抑制有损品牌和同行恶性竞争的事件发生。

（四）渠道分销商在体育用品品牌建设中的职能

渠道分销商包括经销商和终端销售渠道商。经销商和终端销售渠道商在体育用品品牌建设中充当重要的角色，起着重要的作用。渠道分销商一方面充当品牌建设一手信息的收集和反馈者，另一方面自身就是品牌美誉度、品牌联想、品质认知和品牌忠诚的建设者。渠道分销商在体育用品建设中的主要职能有以下几方面。

1. 渠道分销商是品牌建设基础信息的提供主体

渠道分销商直接与消费者接触，能够获得消费者对于品牌的需求偏好、投诉建议和反馈评价等一手市场信息，这些市场信息对于体育用品品牌建设非常重要；随着科技的发展，越来越多的渠道分销商运用大数据、云计算和智能化科技与消费者亲密接触，获得了更多的关于消费者及消费者对品牌反馈方面的信息，为品牌建设奠定了坚实的基础，在产品的市场定位、了解消费者偏好、掌握市场需求、进行精准营销等环节中，大数据和云计算都发挥着重要的作用。目前，消费者对于运动产品的专业性要求越来越高的趋势下，渠道分销商的体验式消费将在一定程度上提升消费者的消费体验，促进销售。

2. 渠道分销商是品牌资产的构建主体

品牌资产由品牌知名度、美誉度、质量与品质认知、品牌联想和品牌忠诚构成。体育用品的渠道分销商，特别是终端渠道分销商直接与消费者接触，消费者

所获得的关于某一品牌的价值感知,大部分由渠道分销商提供。渠道分销商特别是终端零售商的店面装修、室内陈列、人员形象、服务质量等都与基于消费者品牌资产各维度的构建直接关联;由渠道分销商主导构建的各种形式的品牌社群能够有力推动品牌与消费者互动关系良性发展,各种形式的品牌社群不仅能够提升品牌的美誉度和品牌联想,而且有利于改善品牌与消费者之间的关系质量,提高消费者对品牌的忠诚度。

3. 渠道分销商是品牌—消费者关系维护主体

消费者对某一体育用品品牌的价值感知也大多来自渠道分销商,诸如消费者感知的品牌文化、品牌形象、服务质量及关系质量等,大多来自该品牌的渠道分销商;渠道分销商把收集到的一线市场信息反馈给体育用品企业总部,有利于体育用品企业改进产品质量、改善服务体系,提供符合消费者需求的产品和服务,从而提升体育用品企业及其品牌美誉度,改善品牌形象,从而更能获得消费者的青睐,最终提升消费者与体育用品企业及其品牌之间的互动关系质量。

三、体育用品品牌建设各主体间的关系

体育用品品牌建设的四个主体在体育用品品牌建设活动中表现出明显的竞合关系,正确处理他们之间的关系是提升品牌资产、打造强势品牌、增强品牌竞争力的重要保障。

(一) 体育用品品牌建设中的体育用品企业和政府的关系

1. 体育用品品牌建设中体育用品企业与政府的合作关系

在体育用品品牌建设中,体育用品企业与政府的合作关系主要表现在:第一,从双方利益角度来看,都有进行体育用品品牌建设的愿望。体育用品企业是独立的经济实体,追逐经济利益和永续发展是其本能,体育用品品牌是企业实现利润最大化和永续发展的有效手段。实践证明,国内外任何持续经营的体育用品

企业都具有消费者广泛认可的品牌。换句话说，没有哪家永续发展的体育用品企业没有消费者信任的品牌。品牌是体育用品企业永续发展的基本条件。而政府的管理目标是维护社会稳定，促进经济社会发展，提高所在区域的整体声誉。体育用品品牌督促体育用品企业提高体育用品质量，带动所在区域的经济发展，为区域打造响亮名片；帮助消费者进行体育用品选择，降低政府的管理成本。体育用品品牌的这些功能都能够促进政府管理目标的实现，体育用品品牌建设符合政府利益。第二，从双方职能上看，双方也都有建设体育用品品牌的责任。体育用品企业在国民经济中的职能是提供满足消费者需要的体育用品，创造就业岗位，为政府提供税收。政府的职能包括促进就业、增加税收，实现收支平衡。体育用品品牌是实现这些职能的重要手段。

2. 体育用品品牌建设中体育用品企业与政府的竞争关系

虽然政府主观上支持体育企业的品牌建设，希望体育用品品牌建设的成果越大越好，但是政府的支持是有限的。原因是：

第一，从某种意义上讲，政府也是独立的经济主体，有自身的利益需求。政府对辖区内的体育用品企业政策和资金等扶持都是有限的；在一定时间内，政府所有资源都是有限的，而体育用品企业对政府政策或财政的支持要求是无限的，这就造成了体育用品企业品牌建设中对政府支持力度不满意的必然结果。

第二，政府对体育用品品牌建设的支持，希望得到体育用品品牌建设后的收益，这一利益要求与体育用品企业的利益要求是冲突的。在实践中，政府也在抱怨对某些龙头企业进行了大量的品牌建设扶持，但得到的回报却不多，甚至对于某些税收较少、企业发展较慢的企业停止支持的现象经常发生。

第三，政府的管理活动面向的是整个社会，而体育用品企业是独立的经济单位，其利益取向不一样。体现在政府监管方面，政府制定各种规章制度，要求大家遵守，以便使全部企业同步实现体育用品品牌建设目标。但是，总有一些体育用品企业踏着政府红线运行，从中获得尽可能多的经济利益，如在企业用工、资源环保等方面都可能与政府的利益诉求不一致。体育用品企业的这些行为需要政府加强监督管理，优化整个体育用品品牌建设的环境，实现体育用品品牌建设的有序发展，企业的这些不规范行为与政府的管理监督是一种完全的竞争关系。

（二）体育用品品牌建设中的体育用品企业和渠道分销商的关系

1. 体育用品品牌建设中企业与渠道分销商的合作关系

体育用品品牌建设中的企业与渠道经销商相互合作关系主要表现：首先，渠道分销商是体育用品品牌建设的重要主体。渠道分销商大多与消费者直接接触，他们最了解消费者的偏好和诉求，掌握消费者大量的一手基础信息，是体育用品品牌建设中所需基础信息的提供者。消费者对某品牌体育用品的感知价值很大一部分来自渠道分销商，消费从渠道分销商那里获得产品，很多的相关服务也由渠道分销商提供。因此，某一体育用品品牌的品牌美誉度、品质认知度、品牌忠诚度的品牌资产的大小，消费者与该品牌的关系质量，大多与该品牌的渠道分销商密不可分。没有渠道分销商在品牌建设中的积极努力和付出，体育用品企业想创建优秀的体育用品品牌是不可能实现的。其次，渠道分销商需要经销知名品牌提高自身的档次和增加收入。作为体育用品的渠道分销商，都希望与知名强势品牌的体育用品品牌合作。一方面，知名强势的体育用品品牌容易被消费者接受，市场认可度高，销量和利润空间会相对大一些，能够为渠道分销商带来更高的收益；另一方面，渠道分销商与知名的强势体育用品品牌合作，可以有效提升自身的档次，提高自身在行业内的知名度和塑造良好的分销企业形象。

2. 体育用品品牌建设中体育用品企业与渠道分销商的竞争关系

由于体育用品企业和渠道分销商大多是独立的经济主体，或者具有自身的独立经济利益诉求，双方在体育用品品牌建设中存在竞争关系。首先，渠道分销商与体育用品企业经常在产品价格及其付款方式条件方面存在分歧。渠道分销商希望体育用品企业以较低的价格为其供应体育用品，使得渠道分销商们的利润空间会大一些，然而，体育用品企业的想法则相反。渠道分销商希望体育用品企业先发货，后付款，或者先付尽量少的货款；而体育用品企业则希望渠道分销商先款后货，以便减少企业的经营压力。其次，渠道分销商与体育用品企业在品牌建设中的诉求点存在分歧。体育用品企业希望渠道分销商投入更多的资源积极配合自己做好营销推广，做好品牌社群建设，积极宣传推广其品牌，为消费者提供优质的服务，以提升品牌美誉度和树立良好的品牌形象。而渠道分销商希望体育用品企业给他们更多的培训服务和指导服务，投入更多的资源到渠道分销商所在的区域，帮助他们做好"拉动式"营销，以提高渠道分销商的市场份额和市场占有率。体育用品企业和渠道分销商的这些冲突导致了长期以来双方的关系既相互需要，又不够稳定。不稳定的体育用品企业和渠道经销商的合作关系会造成很大的交易成本，使双方都会造成损失，建立协调、稳定的体育用品企业和渠道经销商关系是建设体育用品本土品牌的重点和难点。

（三）体育用品品牌建设中的体育用品行业协会与体育用品企业、政府、渠道分销商的关系

在体育用品品牌建设实践中，体育用品行业协会与体育用品企业、政府、渠道分销商也存在着竞合关系。首先，体育用品行业协会作为促进行业发展的职能机构，对行业内的体育用品企业在产品质量、职业道德、市场行为、行业品牌使用等方面进行约束，实现行业管理目标，这一目标需要体育用品行业协会与体育用品企业进行合作。具体合作的内容有行业品牌的申请和使用、行业标准的制定和实施、企业向行业协会缴纳会费等。同时，体育用品企业在接受管理和缴纳会费甚至行业品牌使用方面又要向体育用品行业协会争取自身的利益，这样一来，体育用品企业就体现出与行业协会的竞争关系。在体育用品行业中，出现的体育用品品牌山寨和仿冒现象比较常见，体育用品市场中的品牌假冒产品较多，体育用品行业协会对这些生产山寨和假冒品牌的企业和一些违反行业协会质量标准的事件也无能为力，以至于出现乔丹诉乔丹体育侵权案，最终以乔丹体育败诉而告终。作为名牌体育用品企业的乔丹体育，为多年来借用"乔丹"之名付出了沉重的代价。其次，体育用品行业协会与渠道分销商的关系和行业协会与体育用品企业的关系相似，也存在着竞合关系。体育用品的渠道分销商作为体育用品的销售组织，有些较大的渠道分销商本身也是体育用品行业协会的会员，也要遵守行业协会制定的行业操守、职业道德、市场行为及行业品牌使用等方面的行业规则。同时，体育用品行业协会也为渠道分销商提供市场供求信息、客户资源信息和同行交流平台等多方面的服务。最后，体育用品行业协会与政府同样存在着竞合关系。体育用品行业协会的行业商标注册、体育用品质量标准的制定、市场管

理信息、市场秩序维护等都要依靠政府,但同时,为了本行业利益有时需要与政府讨价还价,争取更多的权利、优惠政策,形成利益竞争关系。

第三节　体育用品本土品牌建设流程

立足品牌建设的一般过程,结合体育用品产业特征,我们把体育用品品牌建设流程归纳为四个阶段:品牌规划阶段、品牌创立阶段、品牌培育阶段和品牌扩张阶段,这四个阶段也是体育用品品牌建设行为的实施路径。体育用品品牌建设的一般流程,从纵向维度上反映了体育用品品牌建设的主要内容,为我国体育用品本土企业进行品牌建设提供指导。

一、体育用品品牌规划阶段

"凡事预则立,不预则废"。在体育用品品牌建设中,首先应该做好整体的全局的品牌战略规划,才能避免在后续的品牌建设中少走弯路。我国的体育用品本土企业大多成立于20世纪80~90年代,这些企业在刚成立时由于规模小、缺资金、技术力量非常薄弱,经营模式大多采取贴牌加工,模仿和仿造国外知名品牌的设计和款式,甚至直接假冒知名品牌,盲目地跟随市场。当时我国的体育用品市场上山寨、仿冒产品盛行,甚至出现诸如耐克王、阿迪王、锐步王等稀奇古怪的体育用品品牌名称和标识。有的体育用品本土企业脑洞大开,注册拥有了与美国著名篮球明星迈克尔·乔丹中文译名一致的体育用品商标"乔丹体育",以至于在2016年12月8日最高人民法院判定,乔丹体育对3件争议商标"乔丹"的注册,损害迈克尔·乔丹的姓名权,违反商标法,"乔丹体育"这个经营16年的商标被给予撤销。曾创造过销量过亿奇迹的阿迪王早在2013年就因侵权而失去了"阿迪王"的商标。要想成为国际顶级的体育用品企业和体育运动品牌,早已不是仅仅在向消费者售卖一双鞋、一件运动服这样简单的商品,而是在创造一种新的价值,这种价值或是科技的,或是健康的,或是时尚的,甚至是已经成为了一种信仰和理想。我国体育用品品牌要成为国际顶级的体育用品品牌,在成立之初就应该立足高远,做好整体的、全局的、系统性的战略规划,才能不至于在今后的发展中失去方向。根据消费者购买行为和我国体育用品市场特点,体育用品品牌建设的规划阶段要做好五个方面的工作,具体如图3-3所示。

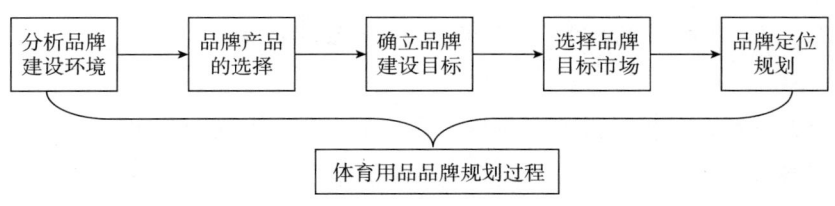

图3-3 体育用品品牌规划过程

(一) 体育用品品牌建设的营销环境扫描式分析

营销学大师菲利普·科特勒(2012)将企业的营销环境分为宏观、微观两个层面,宏观环境包括政治环境、经济环境、自然环境、技术环境、社会文化环境等,微观环境主要包括消费者、供应商、竞争者、企业自身资源、公众、营销中介等。在当今的社会经济状况下,我国体育用品消费受到多种环境因素的影响。2008年北京奥运会和2010年亚运会的召开,极大地促进了我国体育产业的发展,我国的体育用品产业也得到快速发展,2010年,中国体育产业产值突破2000亿元大关,其中体育用品业占据80%的份额。然而,2011年后,由于我国本土的体育用品企业对市场估计普遍乐观,不顾市场需求盲目加大生产,不注重顾客体验价值的创造和递送,加之国内电商的冲击,2012年到2014年底,国内体育用品企业销售业绩大幅下滑,库存积压严重,本土一线品牌出现了"关店潮",有的企业甚至出现严重亏损。2014年10月20日,国务院发布了《关于加快发展体育产业促进体育消费的若干意见》,并随着国家政策的扶持为体育用品行业的发展营造了有利环境;同时追求健康生活的理念更加深入人心,全民参与体育的热情与日俱增。受此带动,国内体育用品行业在消费品板块整体表现较为低迷的环境下依然维持向好趋势。安踏、特步、361°、匹克、贵人鸟等泉州体育用品企业在 2015 年的市场业绩集体向好，国内体育用品产业迎来了稳步复苏。2016 年 7 月 13 日，国家体育总局颁布了《体育产业发展"十三五"规划》，我国掀起了体育产业和体育用品产业发展的新高潮。由此可见，我国体育用品本土企业的发展受到多种营销环境因素的影响。

（二）体育用品品牌建设中涉及的产品品牌筛选

产品是品牌的载体，选择自身具备优势的产品是品牌战略规划的重要问题。体育用品品类繁多，一个体育用品企业不可能生产所有的体育用品品类，而应该根据企业自身的历史传统、资源优势和技术优势等来决定选择生产或销售哪些品类的产品。安踏公司在 1991 年成立之初，选择生产运动鞋，然后才延伸到运动服装及体育相关产品品类。匹克在 1989 年成立之初，选择生产篮球专用鞋，后来才扩展到集制鞋、鞋材、服装、包袋等体育运动专业装备器材的外向型企业集团，而且匹克品牌的目标定位是专业篮球装备第一品牌，在行业内扮演篮球运动装备专家的角色。企业的产品选择应该依据消费者需求，这一理念在工业企业的产品选择中得到广泛认可。当然初期的产品选择不是终生的，随着品牌建设的不断深入，产品的生产选择也将随之调整，但初期的产品选择往往是在品牌建设的规划阶段实现，这是体育用品品牌建设的特点之一。体育用品生产选择应该是在结合自身产品生产优势的情况下参照市场状况进行。具体选择什么体育用品作为企业创建品牌的载体？有以下四种思路：第一种，市场专业化的体育用品经营选择思路，它是指体育用品企业以专门满足某一特定顾客群体需要为目标的产品选择方法。第二种，产品专业化的体育用品经营选择思路，它是指体育企业集中生产一种产品，满足不同市场的需要。第三种，产品—市场选择专业化的体育用品经营选择思路。它是指体育用品企业选取若干个具有良好盈利潜力且符合企业发展目标和资源的细分市场作为目标市场，采用不同的产品满足这些细分市场的策略。第四种，产品—市场集中化的体育用品经营选择思路，它是指用一种产品满足一个特定市场的策略。另外，在体育用品生产范围选择中要注意宽窄适当。任何一个企业都不可能生产经营所有本行业的全部产品。一般情况下，资金实力雄厚的体育用品企业选择的产品种类可以多一些，但中小规模的体育企业应该选择较少种类的产品。体育用品品牌产品的选择还要根据体育用品的特点、经营环境、市场容量等要素全面考虑。

（三）确立体育用品品牌建设各阶段的目标

体育用品品牌建设的目标确立是体育用品品牌建设的战略核心，品牌建设的一切行为都是围绕着品牌建设目标进行的。王忠海（2004）指出，品牌建设的目标就是提升品牌的资产价值、实现企业可持续发展。体育用品品牌建设的目标总体是建立并提升体育用品企业的品牌价值，实现企业可持续发展。同时，由于体育用品企业的成立时间、规模、特点等因素的差异，不同企业在不同阶段的目标不同。也就是说，体育用品品牌的总体目标可以进行分解，可以将体育用品品牌建设目标分解为区域名牌、国内品牌、全国名牌、国际品牌和国际名牌，如图3-4所示。

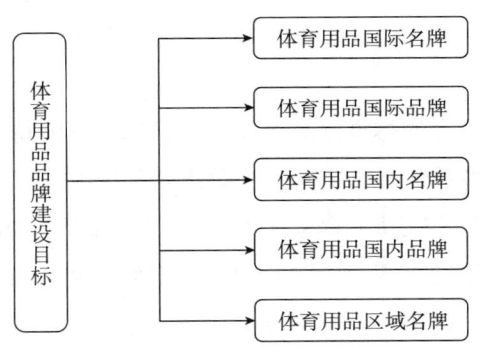

图3-4 体育用品品牌建设目标

体育用品品牌建设的目标确定应该依据企业自身的实力，在分析体育用品企业经营的宏微观环境基础上，立足消费者需求进行。一般情况下，体育用品企业品牌建设是一个由低到高逐步升级的过程，新企业的品牌战略目标层次较低，老企业品牌战略目标较高，小企业品牌建设目标设定较低，大企业品牌建设的目标设定较高。

(四) 体育用品品牌建设中的目标市场选择

体育用品企业的产品不可能满足所有市场消费者的需求。由于体育用品企业本身资源的有限性,同时为了集中企业优势资源到目标市场以提高效率和竞争力的需要,体育用品企业通常会把大市场进行细分,确定将产品卖向哪个细分目标市场。体育用品企业目标市场选择要考察的因素主要有以下几个方面:

1. 本企业经营的体育用品特点

本企业经营的体育用品特点包括体育用品的品质、功能、特色、品牌文化等。体育用品功能是指该产品是用于满足生存需要还是满足享受需要;特色是指该体育用品与同种体育用品相比是否具有独特的品质质量、品牌个性和品牌文化等突出特点。

2. 品牌体育用品消费者特点

只有消费者特点适合该体育用品企业经营目标,才能将其设定为本企业的目标市场。有些消费者群体的行为特点、决策思路和影响因素不适合本企业经营目标,该体育用品企业就不能将其确立为自己的目标市场。如2015年安踏公司花巨资收购百丽旗下的运动品牌斐乐(FILA),安踏收购斐乐主要是为了实现优势互补,其主要走高端品牌路线,在国际品牌效应、科技研发等方面有明显优势;安踏的市场优势主要集中在中低价的运动产品上,如今加入国际品牌,所形成的多品牌运作将更有利于提升安踏的高端市场占有率。

3. 本企业面对的体育用品市场的特点

市场特点包括市场容量、竞争状况、渠道特点等因素。如果市场规模过小,企业进入后就得不偿失,获利太小,甚至亏损。市场规模的大小是相对于企业规模而言的,只要相互适应就是最好的。市场竞争状况也是市场特点的要素之一。当竞争者较少时,可以采用无差异性营销策略;当竞争激烈时,应采取选择性营销策略或差异性营销策略。如果竞争对手采用无差异性营销策略,企业既可以采用无差异性营销策略与对手进行竞争,也可以避其锋芒实行差异性营销策略或选择性营销策略,抢先向市场深度进军,占领更深层次的市场。体育用品的渠道特点是指体育用品适合的营销渠道,一般来讲,体育用品的零售渠道主要是品牌专卖店、区域体育用品经销商分销、超市体育用品柜台几种模式。

4. 本企业实力

本企业实力主要包括本企业的生产能力、销售能力和资金、技术开发能力,经营管理水平和品牌推广能力等。如果体育企业实力强,就可以采用无差异性营销策略或差异性营销策略,把整个市场都作为企业的目标市场。如果企业实力较弱,则应将有限的资源集中于一个细分市场,采用选择性营销策略。

(五) 品牌定位规划

虽然截至目前关于品牌的定位研究成果不少,但具体到体育用品的品牌定位问题,现阶段的成果并不多。本书在总结体育用品品牌定位实践和以往品牌定位理论后提出了体育用品品牌定位的方式:①体育用品品牌功能定位;②体育用品品牌情感定位;③体育用品品牌品质定位;④体育用品品牌价格定位;⑤体育用品品牌档次定位;⑥体育用品品牌文化定位。具体如图3-5所示。

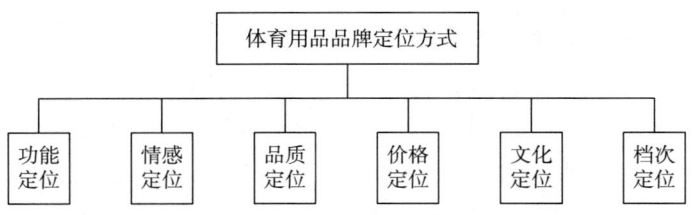

图3-5 体育用品品牌定位的方式

针对消费者的运动需求点进行专项领域的运动品类深度开发,强化其专属功能特色,是成为优秀乃至顶级体育用品品牌的必由之路。体育品牌分别针对消费者的不同需求类型,拓展专项的运动用品市场,例如儿童、女性运动用品等,特别是跑步、足球两大市场的高速发展。安踏发布的"你就是跑者,Run With Me"跑步战略,推出弹力胶、柔软柱、易弯折、能量环、双承科技五大跑鞋科技;除此之外，安踏还将涉足跑步平台及跑步智能化穿戴等。未来体育用品行业的发展，不仅要针对不同类型消费者开辟专项的运动用品市场，还要借科技的力量不断升级运动体验，以运动品牌的特有品质进行定位区隔。例如智能可穿戴、新材料科技等，"互联网+体育"便是一种尝试。例如国内运动品牌李宁发布的全球首款智能足球——李宁 WiCore 智能足球，通过内置芯片和蓝牙模块，可实现无线充电，更重要的是，通过智能手机 APP 在线连接，还可实现足球运动数据分析和显示。除了智能足球外，还有智能鞋、智能跑步机、智能健身器材、智能静息检测器、智能羽毛球、乒乓球发球机等装备。

品牌情感定位是指品牌命名、宣传口号或开展营销推广活动所具有的某种情感，是品牌自身所具有的情感，它是品牌核心价值的组成部分。消费者购买某个品牌的产品时，不仅要获得产品的某种功能，更重要的是想通过品牌表达自己的价值主张，展示自己的生活方式。如果企业在品牌定位时忽略了这一点，一味强调产品的属性和功能，不能满足消费者心理上的更多需求，就会渐渐被市场所淘汰。本土体育用品企业虽然得到很大发展，但略显后劲不足，究其原因就是：品牌制胜的时代，消费者依赖品牌选择产品，而本土企业大多与消费者的互动沟通不足，没有真正与目标消费者形成情感共鸣。然而，近年来，本土企业在营销策略上更加强调"品牌与消费者之间的信息和情感交互过程"。本土企业跟随外资品牌做"亲近消费者"的事件营销，尤其是赞助青少年赛事，例如街头篮球赛、极限运动挑战赛等；然后是提升品牌内涵的努力，尤其是广告语和广告内容的改变颇为不易，安踏不再是"我选择我喜欢"这样的平铺直叙，变成了更有感染力的"keep moving"；李宁不再是"我运动我存在"或"出色源自本色"这样的自恋，变成了更能引起认同感的"一切皆有可能"和"让改变发生"。

在体育用品市场，竞争历来非常激烈，而且档次区分非常明显。长期以来，以耐克和阿迪达斯为代表的国际品牌定位为第一梯队，占据中国的一线市场，它们的品质质量好，定价也较高；而国内本土品牌诸如李宁、安踏和匹克等也只能定位为二、三档次。但安踏为了提升自己的品牌档次，拓展国际市场业务，2009年花巨资收购了意大利品牌 FILA（斐乐）中国商标权及业务，并将 FILA 定位为高端运动时尚品牌的细分市场，与安踏的大众专业运动定位形成差异互补。FILA 品牌是安踏抢占高端市场的重要棋子，此前，中国的高端体育用品市场基本被国际巨头瓜分。

品牌文化定位是通过建立一种清晰的品牌定位,在品牌定位的基础上,利用各种内外部传播途径形成受众对品牌在价值观上的高度认同,从而形成一种文化氛围,通过这种文化氛围形成很强的顾客忠诚度。品牌文化定位不仅可以提高品牌的品位,可以使品牌形象独具特色,而且能够深度引起消费者的情感共鸣,获得消费者的认同和信任,提升品牌的总价值。变形的"A"则抽象出的"安踏"(Anta)品牌标识表现了升腾而起的飞行形象,以极其简约、概括的手法展现了力量、速度与美三元素在运动中的优美组合,并从广义上喻义安踏追求卓越、超越自我的理念,反映安踏人不断创新、敢于拼搏、挑战自我的"永不止步"(Keep moving)精神。特步的标识寓意否定、叛逆、在颠覆传统文化的同时,传达出新人类和特步坚持在否定中超越自我、超越对手的信念和开拓精神,特步倡导前卫、时尚、个性与自由,它告知公众,其所走的路与众不同,是一种既稳健又独立独行的时尚步伐,代表一种独具一格的特步品牌文化。

二、体育用品品牌创立阶段

"知而不行,等于不知",体育用品企业的品牌战略规划做得再好,也只是纸面的美好构想,只有执行到位,才能把美好的构想变为现实;同时也能在执行品牌战略构想的实践中不断调整和修正原有的品牌规划,使之更加符合实际。在完成体育用品品牌建设规划后,就是实际操作阶段。操作阶段的第一个步骤就是体育用品品牌的创立阶段。体育用品品牌的创立阶段主要包括体育用品品牌识别系统设计、体育用品品牌注册、体育用品品牌产品上市、体育用品品牌文化构建等内容。

(一)体育用品品牌识别系统设计

体育用品品牌在创立阶段的第一项任务是进行识别系统设计,这是进行品牌创立的基础,也是品牌培育、品牌扩张的基础。品牌识别系统贯穿于品牌建设的全过程,是相对固定的、不能轻易改变的战略性任务。如果要改变品牌识别系统将会给企业造成巨大损失,因此,准确设计品牌的识别系统是极其重要的品牌创立内容。

消费者通过体育用品品牌识别系统了解企业及其产品,体育用品品牌识别系统反映了企业识别系统。体育用品品牌识别系统（Sports Goods Brand Identity System，SGBIS）的主要思想是，将体育用品企业的经营理念、行为规范和视觉识别三位一体进行系统性分类，从战略的角度来体现体育用品企业内涵、文化、形象。完整的 SGBIS 识别系统由三部分组成，即品牌理念识别系统（BMI）、品牌行为识别系统（BBI）和品牌视觉识别系统（BVI）。系统中的三个组成部分，各有功效，相互配合，关系十分密切，不可分割。其设计步骤为：第一步，建立体育用品品牌理念识别系统，为体育用品消费者提供品牌理念支持。第二步，建立体育用品品牌行为识别系统，统一品牌所有者的行为规范。第三步，建立体育用品品牌视觉识别系统，统一品牌所有者的产品、渠道形象、产品标识等有形物体的形象。而在体育用品品牌识别系统的执行过程中将体育用品品牌理念识别系统中的内涵与要求寓于行为识别系统和视觉识别系统之中，使其内涵、形象和风格全面在社会公众面前得以展示。

"李宁"是我国著名的体育用品品牌，在成立之初，就启用了"L"形——李的拼音首字母的品牌 LOGO，简单而富有含义。其含义整体设计由汉语拼音"LI"和"NING"的第一个大写字母"L"和"N"的变形构成主色调为红色造型，生动、细腻、美观，富于动感和现代意味，充分体现了体育品牌所蕴含的活力和进取精神，李宁牌商标的象征意义是，飞扬的红旗，青春燃烧的火炬，热情律动的旋律，活力；并且配合品牌口号"一切皆有可能"（Everything is possible），给世人留下深刻的印象。安踏也是我国著名的体育用品品牌，"安踏"品牌的整个标志为字母"A"的字型体，由四段半径不同的圆弧线交会而生成。整体构图简洁大方，富于动感。图形鲜红的色彩代表了安踏的活力与进取精神。圆弧构造出的空间感展现了安踏人开拓创业的无限发展前景，变形的"A"则抽象出一只升腾而起的飞行形象，以极其简约、概括的手法展现了力量、速度与美三元素在运动中的优美组合，并从广义上喻意安踏"追求卓越、超越自我"的理念。匹克是福建泉州匹克集团有限公司旗下品牌，福建匹克集团有限公司是一家集制鞋、鞋材、服装、包袋等体育运动专业装备器材的外向型企业集团。匹克，由英文"PEAK"音译而来，寓意不断攀越高峰的自我挑战精神！其精神内蕴，即挑战巅峰、执着追求中彰显自我，彰显魄力、能力与毅力。匹克三角形图形标志代表着山峰，传递着不断进取的坚定信念，象征着匹克不断攀越高峰的自我挑战和创造未来。以"更快、更高、更强"的奥林匹克精神，塑造出体育运动品牌崇高的形象。

(二) 体育用品品牌注册

体育用品品牌在经过识别系统的设计后，要经过注册才能成为具有法律效力的商标。体育用品在品牌注册申请上与一般工业产品品牌基本一样。体育用品品牌的企业产品商标注册程序与一般工业产品和服务产品商标注册程序、主管机关是一样的。品牌注册是体育用品品牌建设中比较简单的事务性工作。主要步骤如下：第一，进行品牌查询，查询的目的是避免商标名称、商标标志与别人相同或相近，保证注册的商标有专用性。第二，进行设计修改，在查询后发现与其他人相近或相同的商标名称或图案要及时进行修改，以免形成日后的商标纠纷。第三，进行注册申请，具备上述两个条件后，申请者可申请办理商标注册。申请者填写《商标代理委托书》和《商标注册申请书》，交付一定的申请费后，就可委托商标事务所向国家工商行政管理局商标局递送、备审。商标在审查中无任何异议，国家商标局在受理申请一年后，发布初审公告并寄送申请人。公告日起三个月后，即发放正式《商标注册证》，申请者也可开始合理合法地使用自己申请的注册商标。

(三) 品牌体育用品投放市场

品牌体育用品投放市场过程是品牌被消费者认知的起点，这一过程主要应该完成以下几方面的工作：

首先，在确定了体育用品企业经营产品种类后，选择符合品牌品质质量与定位要求的体育用品投放市场。体育用品的品质质量是消费者选择的最基本的依据，因此，投入市场的体育用品的品质质量一定要过硬；一旦某一品牌的产品存在质量问题，这一品牌的美誉度和品牌形象及声誉将会遭到灭顶之灾。

其次，要合理确定品牌体育用品的价格，品牌产品的价格不是越低越好，也不是越高越好，过低的体育用品价格难以获得合理利润，没有合理利润难以实现企业持续发展；过高的价格，难以获得消费者认可，品牌推广难以实现。尤其是产品投放市场初期是消费者形成品牌产品认知的决定期，一旦形成消费者印象，想要改变十分困难。因此，要依据产品定位慎重决定体育用品价格。

再次，体育用品企业要着手建立合理的销售渠道。体育用品的销售渠道不仅是连接体育用品企业与消费者的桥梁和纽带，也是品牌建设的重要参与主体，体育用品品牌的个性、形象很多依靠渠道来体现和展示；体育用品企业为消费者提供的体验服务和价值增值服务大多靠终端渠道来提供。体育用品的销售渠道既有实体的分销渠道，又有网络渠道，线上线下渠道要相互补充、相互配合，共同打造强势品牌。

最后，体育用品企业要着手进行品牌推广。一套完整的品牌推广计划的实施可以让消费者从正面了解品牌产品的定位、文化、质量、企业核心理念等，能够对品牌建设起到事倍功半的效果。另外，还要做好品牌体育用品的物流工作。由于体育用品大都是单位价值较低的大宗商品，物流成本导致体育用品经营成本的比例较高，所以，体育用品企业要科学规划，合理安排，尽量降低物流成本。

（四）体育用品品牌文化内涵的凝练与锻造

随着品牌体育用品投放市场，消费者对品牌体育用品会形成品牌认知，品牌认知的内容不仅是其外在的品牌识别系统，还有内在的体育用品品牌文化。所以，品牌体育用品上市后，体育用品品牌文化就随体育用品的上市开始逐步形成并且传播。体育用品品牌文化是体育用品的个性化品牌形象，是体育用品品牌中的经营观、价值观、审美观等的体现，是在体育用品品牌定位的基础上，确定品牌核心价值，扩充其价值内涵，并利用各种传播途径，使消费者在精神上对其产生一种情感依赖和联想，从而形成一种天然的文化氛围（王保利，2007）。在体育用品品牌塑造过程中，品牌文化作为最核心、最不易被模仿的部分，在品牌建设中发挥着巨大的作用。体育用品品牌文化的建设，是体育用品企业将现有文化资源进行挖掘、整理、凸显的过程。

为了配合全球市场的拓展，李宁体育用品有限公司在2010年第三季度开始更换新的LOGO李宁标志和品牌口号。李宁新LOGO的设计依旧沿用了旧标志的设计概念，飘动的造型将更加锐利和富有动感，传达给消费者"突破、进取、创新"的产品文化。李宁品牌新标识不但传承了经典LN的视觉资产，还抽象了李宁原创的"李宁交叉"动作，又以"人"字形来诠释运动价值观。李宁公司品牌负责人解释称："鼓励每个人透过运动表达自我、实现自我。新的标识线条更利落,廓形更硬朗,更富动感和力量感。"同时启用了品牌新口号"Make The Change(让改变发生)",将会在市场推广中替代"一切皆有可能",新的标识和口号是李宁品牌走向国际的重要标志,体现了李宁从敢想到敢为的进步,鼓励每个人敢于求变、勇于突破,是对新一代创造者发出的呼告号召。

"安踏"从品牌标志组合上看,让人耳目一新,活力再现,表现为安踏人以腾飞的姿态在辽阔的神州大地,站得稳、走得正,踏踏实实创百年品牌。"Anta"是中文"安踏"的英文名,在希腊语中的意思是"大地之母"。体现出安踏无比的胸怀和对世界与人类的奉献精神。希腊是现代奥林匹克运动会的发源地,选择"Anta"具有极为深刻的含义,它喻指安踏品牌所奉行的奥运精神和产品的运动性,它涵盖了安踏的文化和灵魂以及现代体育精神。"安踏"品牌应用"Anta"的英文名,表明安踏品牌是一个国际化、本土化的专业体育用品品牌。同时也反映出安踏人不断创新、敢于拼搏、挑战自我的精神,表达了安踏企业决心要做本土的"安踏",百年的"安踏"和世界的"安踏"。

三、体育用品品牌培育阶段

体育用品品牌培育是指由体育用品企业为主导,对其所拥有的品牌进行一系列的维护、巩固和完善活动,树立起品牌在各级渠道商、目标市场消费者及相关人员心智中良好的形象,以提升品牌价值。随着社会经济发展水平的提高,人们对高品质生活水平的追求,体育运动休闲已成为时尚,体育用品消费也不断增长;体育用品行业是一个竞争充分的行业,人们对体育用品消费的需求日益多样化和高品质化。这些因素极大地推动了体育用品企业的品牌培育工作。

体育用品品牌培育是品牌建设工作的重要内容,对体育用品企业具有重要的意义:品牌培育不仅能够保持行业可持续发展,满足客户的多样化需求,而且也能够提高提升体育用品企业的竞争力,保障盈利水平的提升;品牌培育还能够有效增强体育用品企业抗风险的能力。因此,我国本土的体育用品企业如安踏、李宁、匹克、动向等都投入越来越多的资源,与时俱进地采取多种方式,进行体育用品品牌的培育工作,以提高品牌资产、改进顾客关系质量、培育更多的忠诚顾客。体育用品品牌建设中的品牌培育主要内容包括:提升品牌的知名度和美誉

我国体育用品本土品牌建设

度,提高塑造体育用品独特的品牌个性及品牌形象,凝练和构建具有显著差异化的品牌定位和品牌文化,与竞争者相区隔,使这一品牌在消费者的心智模式中具有独一无二的位置;通过为消费者提供有型产品、体验服务及品牌归属等方面的增值服务,以品牌为纽带提升企业与其顾客的关系质量,提高消费者对品牌的忠诚度等。体育用品品牌培育工作是一项长期的、复杂的、容易反复的工作,体育用品企业必须根据外在环境的变化、结合企业自身的资源实力、品牌所处阶段,运用现代营销的整合营销传播模式不断推进这项工作。

四、体育用品品牌扩张阶段

在企业发展到一定规模,建立了良好的品牌形象和构建了较高的品牌资产后,企业为进一步稳定市场地位或实现跨越式发展,需要进行品牌保护、品牌延伸、品牌连锁、品牌扩张等品牌经营活动。

（一）体育用品品牌保护

美国著名的广告研究专家莱瑞·赖特（Larry Light）曾经指出:"拥有市场比拥有工厂更为重要,而拥有市场的唯一办法就是拥有占有统治地位的品牌",这句经典名言中"拥有"的含义既有获得,还有保护。体育用品品牌的规划、创立和培育阶段是体育用品品牌的获得过程。在获得品牌后,只有做好品牌的保护工作,才能真正拥有品牌。当体育用品企业的品牌有了一定的知名度,特别是当体育用品品牌成为名牌以后,怎样有效地对企业的品牌加以保护,无疑是每一个拥有体育用品品牌企业所面临的艰巨的任务。我国有体育用品企业 400 多万家,但知名度较高的品牌只有 10 多个,有一部分的体育用品企业靠代工或 OEM 形式存在,还有一部分体育用品企业长期以来靠生产和销售山寨货仿冒其他知名品牌维持,我们经常看到市场上有很多知名体育用品品牌的仿冒产品就不足为奇了。因此,我国体育用品知名品牌的保护就显得非常迫切而重要。

品牌保护是对品牌的名称、标志、图案及其体现品牌个性的所有标志性要素进行保护的过程。体育用品品牌保护可以通过以下措施来实现:第一,保护体育用品注册品牌名称与标志。可以通过多注册一些与本企业推广的品牌名称与品牌标志相同或相近的品牌名称和标志，使得其他人不能注册与本企业相同或相近的商标。第二，保护品牌注册的体育用品范围。多注册一些产品种类，为以后本企业的品牌延伸提供空间。第三，保护品牌注册的疆域。在尽可能广泛的区域内进行注册，甚至可以提前到国外进行品牌注册。第四，实施驰名商标的保护。因为，按照国际惯例和我国法律，驰名商标的保护不仅限于相近种类的产品，还保护相近产品以外的产品。第五，实施商标和品牌质量认证双保险的品牌保护。广义体育用品品牌包含体育用品质量标志，体育用品质量认证标志的标签是政府或授权机构控制的，认证标志受政府的监督，假冒者获得认证标签的难度较大、成本较高。第六，慎重使用品牌许可策略的保护。品牌许可经营要慎重，避免因许可、授权经营造成品牌使用的泛滥。另外，还要注意品牌产品的营销渠道管理，注重打击假冒品牌等损害企业品牌形象和利益的行为。

（二）体育用品品牌延伸

关于品牌延伸的研究虽可在一定程度上反映体育用品品牌延伸的共性，但并不能反映体育用品品牌延伸的个性，因为体育用品品牌种类繁多的特点和体育用品个性差异化使得品牌体育用品的延伸情况要比普通工业产品品牌延伸的可能性更大，涉及的延伸状况更加复杂。体育用品的多种类、多品种特征十分明显，如运动鞋，依据运动种类不同，可分为篮球鞋、排球鞋、网球鞋、足球鞋和跑步鞋，仅仅一个跑步鞋，又可以分为很多的种类。品牌应该覆盖的产品种类是哪些？如何决策是一个很值得研究的问题。同时，由于体育用品个性差异化易变性特征使得体育用品随着消费者群体的变化要不断地更新改变，李宁公司2010年换新标也有这方面的考虑，所以体育用品品牌延伸有自己的特殊困难。体育用品品牌延伸的原则包括以下四个方面：首先，延伸产品必须符合母品牌体育用品的质量标准。其次，延伸产品必须符合体育用品企业长远、整体的品牌战略。品牌延伸的目的是壮大公司实力，实现更加快速地发展。但是一项不符合公司长远战略的暂时盈利的延伸产品项目，有可能使公司的发展计划遭到破坏，使企业迷失方向。再次，体育用品品牌延伸一定要符合消费者文化认知。消费者是品牌延伸的真正评判者，超出消费者认同的任何品牌延伸都将失败。最后，要注意，延伸产品要符合公司的资源优势。体育用品的范围很广，如果公司在人、财、物管理等方面资源都不具备的情况下，把自身品牌延伸到其他领域，很可能会稀释母品牌，给母品牌带来不利影响。

（三）体育用品品牌连锁经营

体育用品品牌连锁经营是体育用品企业借助品牌的力量，采取特许、授权或设立分支机构等方式进行连锁经营的一种体育用品经营模式。体育用品消费者的广泛性决定了体育用品经营范围的广泛性，强势品牌的建设离不开在广泛区域上的连锁经营，连锁经营是体育用品品牌推广的主要途径之一。同时，体育用品的连锁经营也离不开品牌，品牌是连锁经营生存的核心工具（赵飞鸿，2005）。从国际体育用品连锁经营的经验来看，品牌体育用品的连锁经营模式主要有四种形式、即品牌资源加盟连锁、品牌委托加盟连锁、品牌特许加盟连锁、品牌直营店等形式。

2013年以来，安踏大胆地向"以零售为导"的运营模式转型，这一创新模式不但帮助安踏获得高于整体行业水平的财务表现，也得到了广泛的市场认可。作为中国本土优秀体育用品品牌的代表，安踏一直以来都十分明确自己的位置：针对大众市场的功能性运动品牌。2013年10月安踏赞助新一代NBA明星球员，同时发布了定位"国民球鞋"的第四代签名球鞋。并在营销上启用全新的"实力无价"篮球战略做支撑，将低价与低端的概念区隔开来；在跑步板块，安踏连续五年赞助奥林匹克日长跑，宣扬"全民健身"理念。此外，与中国奥委会长期的合作伙伴关系也更好地巩固了品牌的领先地位。结合体育赞助资源以及高效的营销策略，安踏持续提升其品牌在体育用品行业的专业形象，传递着"永不止步"的体育精神。

（四）体育用品品牌国际化

体育用品品牌发展到一定阶段也必须通过国际化巩固市场地位，扩大影响。如何进行体育用品品牌的国际化是当前体育用品品牌建设领域的新课题，需要进行深入研究。品牌国际化是向全球统一提供优质的、被消费者认为具有很高价值的产品行为。戴维德·吉贝尔（David Joebel）（1996）把品牌国际化定义为"品牌在世界范围内的成功渗透"。韦福祥（2001）指出，品牌国际化是将同一品牌以相同的名称（标志）、相同的包装、相同的广告策划等向不同的国家、不同的区域进行延伸扩张的一种品牌经营策略，以实现统一化和标准化带来的规模经济效益和低成本运营。体育用品品牌国际化是一个隐含时间与空间的动态营销和体育用品品牌输出的过程，是一个体育用品企业将体育用品品牌推向国际市场并期望实现国际市场广泛认可和体育用品品牌扩张的过程。首先，体育用品品牌国际化是一个长时间的品牌建设、推广过程，任何一个体育用品品牌都不可能一蹴而就，例如雀巢咖啡等体育用品品牌国际化用了几十年，甚至上百年的时间。其次，体育用品品牌国际化是一个企业赢得国际市场的过程，并不是一个品牌只要出国经营就是国际化了，体育用品品牌国际化是指这个品牌在国际市场上取得竞争优势，在同行业中获得广泛认可，有足够顾客忠诚度的体育用品品牌。最后，体育用品品牌国际化是国家体育产业品牌的重要内容。

　　体育用品品牌的国际化进程有其自身特点。第一，体育用品要符合目标国家的文化传统，东西方文化差异比较大，不符合当地传统的产品难以在目标国形成品牌优势。第二，要坚持原品牌定位和品牌文化。品牌定位是品牌的根本，品牌定位如果改变，品牌属性就不能传承，品牌难以维系。品牌文化如果改变，品牌彰显的文化诉求就会混乱，原有认可品牌文化的消费者也会流失，品牌个性就会模糊，品牌价值就会受损。第三，适当按照目标市场国家的生活习惯调整产品结构。虽然品牌定位和品牌文化不能改变，但品牌产品的结构和种类可以按照目标市场国家的特点予以调整，这也就是品牌建设所说的"形变神不变"。第四，不可急于求成。体育用品品牌建设应该采取先易后难，步步为营的品牌国际化策略。体育用品品牌国际化是体育用品品牌经营发展到一定规模后的必然选择。当品牌建设相对成熟，国内消费者普遍认可的情况下，或者已经成长为全国名牌的体育用品品牌，才应该根据自身品牌战略的安排，进行品牌国际化扩张，在没有练好内功的情况下，不要考虑进行体育用品品牌国际化。我国体育用品品牌积极开拓海外市场应对行业竞争，随着国内体育品牌不断回暖，竞争压力逐渐增大，越来越多的国内体育品牌将目光投向海外市场，欲在海外市场持续开拓中应对不断加剧的市场竞争。361°已在巴西及美国设立全资附属子公司以发展海外业务，并在巴西、美国及欧洲分别拥有908个、180个及52个销售点。本土体育用品著名品牌如李宁、安踏和匹克等也纷纷通过收购国外品牌、在国外投资设立生产基地、与国外企业合资合作或者直接出口销售到国外等多种形式走向国际市场。

体育用品品牌国际化的路径选择可以分为体育用品市场进入路径选择、体育用品品牌发展路径选择两个方面。其中体育用品市场进入路径选择主要有：先进入发达国家后再进入不发达国家，先进入不发达国家后再进入发达国家和中间路线三种路径；而体育用品品牌的发展路径选择有：自有品牌直接出口；借国外品牌加工出口，具备实力后推广自己的品牌；购买出口国的品牌直接出口。一般情况下，体育用品企业规模小的时候先借国外品牌生产，实力强后建设自主品牌，这一过程越快越好，不要指望长期使用国外品牌。当企业具备一定的规模后，仍需在国际市场上建设自己的品牌。

（五）体育用品品牌建设扩张阶段品牌要素的特点

当体育用品品牌建设进入品牌扩张阶段后，体育用品品牌已经成为区域名牌或全国名牌，这一时期品牌要素的特点主要体现在：第一，品牌质量满意度已经稳定。品牌体育用品的质量已经在消费者心目中形成固定形象，质量满意度已经维持在一个较高的水平上。第二，产品价格已经在消费者心里形成固定模式，在同类产品中的竞争优势已经形成。第三，品牌联想美誉度已经稳定。消费者看到该品牌就能够形成正面联想，相信这个品牌的体育用品是值得信赖的体育用品。第四，品牌知名度已经达到较高水平。品牌的未提及知名度和提及知名度都达到一个较高的水平。

第四节 体育用品本土品牌建设框架模型的构建

一、体育用品产业价值链模式及其结构

按照不同的分类标准，体育用品也有很多种类型。按照产品属性不同，体育

用品可分为体育器材装备类体育用品、体育服装鞋帽包类体育用品及其他体育相关类体育用品;与体育用品类型相对应的产业价值链也可划分为体育器材装备类产业价值链、体育服装鞋帽包类产业价值链和其他体育相关类产业价值链。下面将详细阐释不同类型的体育用品产业价值链模式及其内在结构。

(一) 体育用品产业价值链模式及其结构

体育用品产业价值链被描述为体育用品沿着原材料供应商、生产加工制造企业、经销商分销、终端零售渠道分销以及最终消费者的一个互相关联的网状链条。体育服装鞋帽包类产业价值链是体育用品产业价值链中较复杂的类型,厘清了体育服装鞋帽包类产业价值链的模式及其结构对整体掌握体育用品产业价值链有重要的帮助。

为了认识体育用品企业的成本行为与现有和潜在竞争者的经营差异化资源,我们引进价值链作为分析的基本工具。价值链将体育用品企业内部经营管理活动分解为战略性相关的许多活动,最终为顾客提供更多的价值感知而提升顾客关系质量,从而获得高利润回报;从价值链视角来考察体育用品的产业链,使体育用品企业的价值链体现在价值系统更广泛的一连串活动当中,即体现在体育用品产业链各个链环环节中,这样就更全面系统地剖析出各个链环主体在体育用品品牌建设中做出的贡献大小。结合体育用品产业价值链的运行实际,经过对体育用品产业进行调研分析后,归纳出体育用品产业价值链的典型模式如图3-6所示。

体育用品原材料供应商拥有创造和交付企业价值链所使用的外购输入的价值链(上游价值),供应商不仅交付它的一种原材料,而且营销到体育用品企业的很多其他方面。此外,体育用品通过渠道分销商的价值链(渠道价值),最后到达消费者手中;渠道的附加活动不仅影响购买方,而且也影响企业自身的价值创造活动;体育用品企业的产品最终成为买方价值链的一部分。

(二) 体育用品产业价值链各链环主体分析

由图3-6可以看出,体育用品产业价值链主要包括体育用品原材料供应、生产加工制造、经销商分销、终端零售渠道分销和顾客购买等主要链环,每个链环环节包含的主要内容如下。

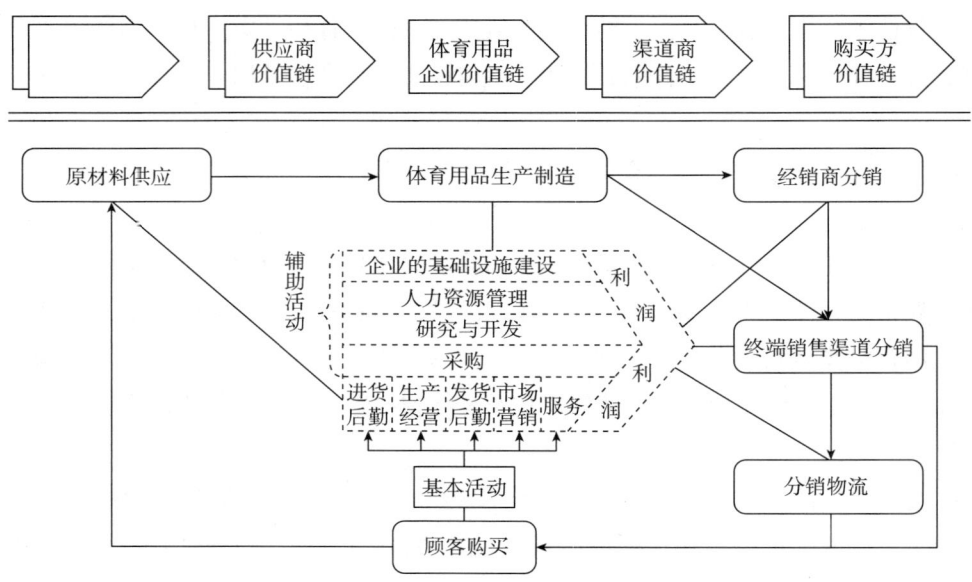

图 3-6 体育用品产业价值链系统的一般模式

1. 原材料供应

体育用品的原材料供应商作为体育用品产业链上的一个重要主体，能够为体育用品品牌建设提供重要价值。体育用品的质量与品质状况不仅与生产制造工艺有关，与体育用品原材料的质量更是直接相关。选用品质优良、健康环保的原材料是体育用品品牌产品质量品质的保证。游泳王子菲利普斯身穿 Speedo 牌的"鲨鱼皮"泳衣参加比赛，多次获得冠军后，Speedo 品牌美誉度和品质认知得到大幅提升，市场销量也随之飙升。2012 年，伦敦奥运会男子 1500 米比赛中，挪威田径选手亨里克-因格布里格特森身穿"彪马"夺得了第五名，也创下了挪威的纪录；不过，他在比赛中闹出大笑话，由于运动服装的材质原因，比赛短裤裂开，前厂大开，彪马的品牌受到众多非议。

2. 体育用品企业

从产业价值链视角来看，体育用品企业（指拥有体育品牌的企业）是品牌资产的缔造者。体育用品企业通过明星代言、多种传媒广告、整合营销沟通的方式，大力提升品牌知名度和美誉度；安踏1999年签约孔令辉，开启了"明星运动员代言＋CCTV"的营销推广模式；接着安踏成为中国奥委会的合作伙伴，开启了奥运营销，安踏利用奥运核心资源"中国奥委会合作伙伴"和"冠军龙服"，在2016年里约奥运会期间，充分利用社交媒体，加强与消费者的互动和情感共鸣，开展了卓有成效的"奥运即时营销"。通过与知名运动员和中外各类运动协会签订战略合作协议，通过冠名或合作等形式赞助各种体育团队和赛事活动，不仅提升了品牌美誉度，而且为品牌联想提供了多种素材，同时促进了消费者对品牌产品的质量与品质认知。我国本土的体育用品企业也非常重视产品研发投入，2005年，安踏斥资3000万元建立国内同行第一家运动科学实验室，安踏进行科技创新、产品创新的具体实践，自主研发60多项国家级专利技术，大大推动了中国体育用品行业的发展和进步，为安踏品牌建设做出了重要贡献。2008年11月，李宁公司也成立了运动科学研究中心，致力于运动科学、产品测试、核心科技开发和提供产品功能等领域。体育用品企业加强产品研发，不仅是提高产品质量的重要举措，也有利于提升消费者对该品牌的质量与品质认知水平。

3. 经销商分销

体育用品企业为了更加有力地占领市场，提高市场占有率，通常与当地区域有实力的体育用品类的营销贸易商，以合资、协议等方式构建合作联盟关系。为推动公司体育产业运营战略的升级，贵人鸟公司投入重金收购体育运动产品专业零售商湖北杰之行体育产业发展股份有限公司的部分股权，为贵人鸟的"多品牌＋多渠道"的持续布局打开了运作空间。很多体育用品经销商通常不只经销一个品牌的体育用品，一般会同时经销多个品牌，甚至包括其他同一大类的产品品牌。体育用品经销商在经销品牌产品的实际中，向下游的零售商经销他们手中的品牌产品时，会有一个先后主次之分，而且这些经销商与体育用品企业之间也存在很多利益上的博弈关系。因此，体育用品分销商在经销品牌产品的市场分销实际中，如果这一经销商愿意投入更多的人力和资源主推某一品牌产品，同时与体育用品企业配合良好，主动执行该企业在该区域的各种市场推动政策，那么，该体育用品企业就更容易塑造自身品牌的美誉度和品牌形象，更加容易提升自身的品牌资产。

4. 终端销售渠道分销

终端销售渠道分销商直接与消费者接触，是品牌建设的重要参与者，在体育用品品牌建设中，起着非常重要的作用。体育用品品牌的市场定位大多与其所走的渠道有直接关系，定位高端市场的品牌，其终端销售渠道大多布局在一、二线城市的高端商场之中；定位中低市场的品牌，其终端销售渠道布局在三、四线城市比较多。终端销售渠道分销能够有效帮助体育用品企业提升品牌资产和市场业绩。体育用品终端新零售模式为消费者递送了更大的价值感知。这一模式的"线上线下深度融合、大数据和云计算、零库存、体验式消费、定制化产品"的趋势归根结底都是为了更高效率地向消费者提供服务。新零售模式线上线下在价格、产品、销售、发货等方面的统一和融合，打破线上线下独立运行的格局，提高运营效率；在产品的市场定位、了解消费者偏好、掌握市场需求、进行精准营销等环节中，大数据和云计算都发挥着重要的作用；目前在消费者对于运动产品的专业性要求越来越高的趋势下，体验式消费将在一定程度上提升消费者的消费体验，促进销售。李宁、特步等运动品牌都在国内开设了运动体验店，加强与消费者的互动；随着消费升级的进程，国内消费者的需求也逐渐呈现出差异化的趋势。因此，未来的零售将致力于为消费者提供多元化和个性化的产品、服务。新零售渠道分销模式通过生产、销售、物流等环节的升级优化，给消费者递送了更好更多的价值。

5. 分销物流

体育用品牌的销售已经形成了实体终端渠道销售和网络终端渠道销售两个重要的渠道，而网上终端渠道销售与分销物流紧密相连。随着数字与网络营销兴起和人们购物习惯的改变，体育用品通过网上终端渠道的销售量日益增大，与之相配合的分销物流越来越重要。网上终端渠道销售分销物流的安全性、快捷性及其服务质量与消费者的品牌价值感知密切关联。如果消费者在网上终端渠道选购了某一品牌的体育用品，但是由于在物流过程中出现送货时间延迟、在物流过程中出现产品损坏或者物流服务态度恶劣等情况,消费者会对这一体育用品品牌形成负面的印象,进而会影响消费者与这一品牌的关系质量,品牌忠诚度也会大打折扣。

6. 消费者购买

消费者购买是体育用品产业价值链的终端链环,也是整个产业价值链中非常重要的一个链环。体育用品品牌的知名度大与小,品牌美誉度和品牌品质认知度高还是低,最终都通过消费者用脚投票的形式来评判。体育用品企业对其品牌定位是否准确,是不是在消费者心智模式中具有独一无二的位置,其品牌文化的塑造是否成功,最终都由消费者购买来评判。因此,以体育用品企业为主的品牌建设主体应该立足市场,确实了解消费者对体育用品品牌的核心诉求、购买方式、消费习惯和消费价值观,采取多种形式与消费者进行品牌互动,增强消费者对品牌的体验价值,使体育用品企业不仅能了解和掌握消费者,而且能够有效种植甚至改变消费者的消费价值观,真正提升体育用品品牌与消费者之间的关系质量水平,以独特而有魅力的品牌文化引领消费者,最终使体育用品企业获得更多的顾客让渡价值。

其实,体育用品产业价值链的每个链环环节都会衍生出一个甚至多个分支产业链,与主产业链一起构成一个产业价值链网群。体育用品产业价值链的各个支产业链也是相互紧密联系的,共同构成了一个巨大的体育用品产业价值链网。有的大型龙头体育用品企业依据全产业链模式,把原材料供应、生产加工制造、产品分销和分销物流都集合在一起,组建成大型综合性的体育用品产业集团公司,对体育用品产业价值链进行有效的整合运行,提高其整体运行效益。

二、体育用品品牌建设要素与产业价值链的关联性分析

体育用品品牌建设要素体系由体育用品品牌知名度、品牌联想、品质认知、价格适中度和品牌忠诚度五大类别的 15 个操作指标构成。因此,下面从品牌建设要素指标体系来分析体育用品品牌建设与其产业链的关联性,探索体育用品品牌建设要素与产业价值链各环节及其主体存在哪些关联性。图 3-7 是体育用品

品牌建设指标体系与产业价值链的关联性结构。

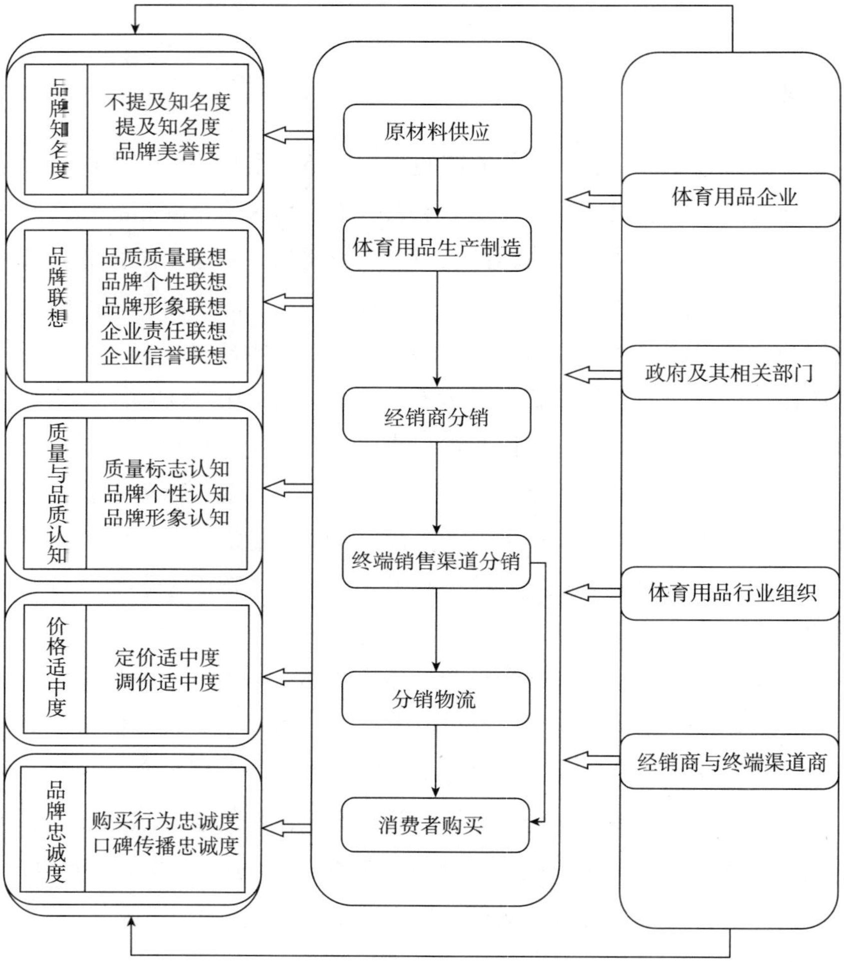

图 3-7 体育用品品牌建设要素与产业价值链关联性

（一）体育用品品牌知名度与产业价值链的关联性

体育用品的品质质量、品牌归属、品牌关系及品牌美誉度等都是消费者购买时最看重的指标，也是消费者选择体育用品的最重要依据。体育用品品牌知名度和美誉度来源也有很多种类，有的体育用品是因为其质量品质有保障，有的体育用品是因为其具有独特的品牌个性而著称，有的体育用品是因为其代表的运动时尚而声名鹊起等。而产业价值链的诸多链环不仅能有效保障体育用品的质量品质，也是体育用品品牌美誉度建设的重要依据。

从体育用品产业价值链视角来看，产业价值链的多个链环为体育用品品牌知名度和美誉度提升保驾护航。体育用品品质的好与差与其原材料质量有重要的关联，某一品牌体育用品采用科技含量高、品质质地好的原材料必然提升品牌知名度和美誉度。安踏使用高科技的碳纤维材料生产的体育用品就很受消费者的欢迎。体育用品生产制造过程中体现的制造工艺、科技含量以及最后成品的质量款式等，都是体育用品品牌知名度和美誉度的重要来源。安踏公司2005年建立国内第一家于东科学实验室，加强科技创新和产品研发；李宁公司2008年也成立了运动科学中心，主要致力于运动科学研究、核心科技开发和产品创新等工作。国内本土知名的体育用品企业在研发和制造工艺方面的加强，标志着我国本土体育用品品牌走出了仿冒和跟随的处境，同时有效地提升了自身品牌的知名度和美誉度。加强体育用品本土品牌的分销渠道和终端销售渠道建设有利于提升品牌知名度和美誉度。消费者不仅从终端渠道商处获得实物产品，而且许多增值服务（售后服务、体验服务、信息咨询服务等）也大多从分销渠道和终端销售渠道那里获得；国内本土体育用品企业诸如安踏、李宁、匹克等具有众多的终端门店，而且在各大电商平台上具有旗舰店，这些线上线下的终端渠道其实就是一个个广告宣传平台和综合服务网点，也有利于提升品牌的知名度和美誉度。品牌所属的体育用品企业与各类媒体合作，通过广告、赞助、公关等整合营销传播的模式宣传推广自身品牌，政府和体育用品行业协会通过为品牌背书等形式，都大大提升了品牌的知名度和美誉度。

（二）体育用品品牌联想与产业价值链的关联性

产业价值链运行及其管理能给体育用品品牌联想建设提供众多的鲜活生动素材，不仅能使消费者对体育用品的品质质量形成正向的联想，而且也能使消费者对生产该品牌体育用品的独特个性、品牌形象、企业责任和信用等方面产生正向的联想。体育用品原材料供应商提供品质优良、科技含量高和绿色健康的原材料,让消费者对该品牌产品的品质质量方面产生正向联想。体育用品企业通过请知名运动员代言,赞助大型赛事和体育活动,与各类体育运动协会的战略合作等形式,不仅使目标消费者对其质量品质认知产生正向联想,还有利于该体育用品品牌塑造品牌个性和品牌形象。

安踏公司1999年与乒乓球世界冠军孔令辉签署代言人合约,孔令辉的"我选择,我喜欢"让消费者对安踏品牌印象深刻;此后,安踏与巴特尔等众多体育明星签约。2004年,安踏全面赞助中国男子篮球职业联赛,独家赞助2004~2007年球队的运动装备,安踏成为CBA联赛运动装备唯一指定合作伙伴;2006年,安踏与CBA续约7年,双方合作延续到2012年,更进一步地加深了安踏与CBA之间的联系,并同时冠名赞助中央电视台(安踏CCTV体坛风云人物)。2009年,安踏成为2009~2012年中国奥委会合作伙伴。2013年,安踏续约中国奥委会,成为奥运周期体育服装合作伙伴。作为中国奥委会的合作伙伴,安踏在2016年的里约奥运会制定了一整套完善的推广计划,从奥运传播主题到奥运商品,再到体育精神的传播,安踏希望借助里约奥运会,进一步强化其代表中国体育精髓的品牌形象。李宁公司长期致力于体育事业的发展,曾先后与NBA(2005年)、ATP等国际顶级赛事和组织结为战略伙伴。与奥尼尔、柳比西奇等国际顶级运动员合作,与西班牙奥委会、西班牙篮协、瑞典奥委会、阿根廷篮协合作,都强有力地表明李宁品牌的专业实力得到国际顶尖体育团队和个人的认可。更值得一提的是,从1992年巴塞罗那奥运会开始,李宁公司伴随中国奥运军团一路走来,长期支持中国体操、跳水、射击、乒乓球、羽毛球五支"金牌梦之队"。作为国内体育用品行业的领跑者,李宁公司自身发展壮大的同时,更积极承担企业公民的社会责任,资助希望小学、援建灾区、关爱艾滋孤儿,并且长期支持旨在提高贫困地区体育教育事业的"一起运动"公益培训项目,利用自身体育资源优势为共建和谐社会出力。李宁公司的这些活动有利于消费者对其品牌产生正向联想。

我国体育用品行业经过2012~2014年体育用品市场低迷阶段后,本土体育用品企业意识到:传统的大批发模式已经不能适应市场需求,必须加强终端零售渠道为导向的建设。经销商和终端销售渠道商直接与消费者接触,不仅为消费者提供实物产品和各类服务,也是向消费者展示品牌形象和品牌文化的最佳平台,消费者对品牌的有形感知大多来自终端销售渠道。

（三）体育用品品牌质量、品质认知与产业价值链的关联性

《体育产业发展"十三五"规划》中指出："支持企业利用互联网采集技术对接体育健身个性化需求，鼓励新型体育器材装备、可穿戴式运动设备、虚拟现实运动装备等的研发。支持体育类企业积极参与高新技术企业认定，提高关键技术和产品的自主创新能力，打造一批具有自主知识产权的体育用品知名品牌。"由此可见，消费者对体育用品质量和品质要求越来越高。消费者对体育用品品牌及品质质量的认知度与其产业价值链具有密切的关联性，具有强大而完整的产业价值链体系作为保障的品牌体育用品的品质质量更值得消费者信赖，消费者也会更容易识别这样的体育用品品牌标识和形象标记。

体育用品产业价值链能够有效提升消费者对其品牌产品的质量和品质认知水平。品质优良的原材料和高科技的新材料是体育用品质量上乘的基础；传统的生产运动服、运动鞋已经不能满足发展需要，而是要发展高附加值的运动装备、器材的生产，如碳纤维材质的装备，造型新颖时尚的健身器材，具有云功能服务的穿戴设备等。体育用品企业投入大量资源加强研发，对生产制造工艺的严格要求是体育用品质量和品质的重要保证。2005年，安踏斥资3000万元建立国内同行第一家运动科学实验室，这是安踏自身发展的需求，也是安踏科技创新、产品创新的具体实践。十多年来，安踏运动科学实验室每年的投入都占年销售总成本的4.3%，自主研发60多项国家级专利技术，基本与体育用品国际巨头耐克和阿迪达斯站到了同一水平。2008年，李宁公司成立运动科学研究中心，下设三个实验室：运动生物力学实验室、鞋机械测试实验室以及脚型与鞋楦型研究实验室，该研究中心主要致力于运动科学研究、产品测试、核心科技的研发以及提高产品功能等领域。加强对品牌产品的市场推广和品牌个性形象的营销推广，强化对体育用品品牌的正向品牌联想也能有效提升产品关于质量与品质方面的认知水平。因此，提升消费者对体育用品品牌的质量及品质认知水平与产业价值链的多个链环具有密切关联。

（四）体育用品价格适中度与产业价值链的关联性

价格是众多消费者选择品牌体育用品的一个重要参考指标，也是表现体育用

品品质质量和档次的一个重要指标。体育用品价格适中度包括定价适中度和调价适中度，体育用品定什么价才合适，其实是在与市场不断博弈中确定的。体育用品企业及其经销商和零售商总希望尽量定高价来获得更多的利润，而消费者总希望购买到性价比更高的体育用品。具有强大产业价值链保障的体育用品不仅质量安全有保障，而且其品质质量、品牌美誉度和个性形象也会比普通体育用品更胜一筹，因此，定价高于市场价格也就成为当然。

阿迪达斯的产品总是比其他相同类的体育用品价格要高，不能不说阿迪达斯的全产业价值链的品牌管理系统起到很大作用。从原材料的采购开始到销售和售后的跟踪服务，阿迪达斯都做得非常好。阿迪达斯对原材料的要求非常严格，它有一条严格的标准对其采购的原材料进行检测和考量，不合格者坚决不要；阿迪达斯非常重视研发设计，仅仅一双阿迪达斯的运动鞋，专利技术就有几百项之多；阿迪达斯对其产品的设计及生产制造工艺也要求非常严格；在阿迪达斯的分销零售环节，也总是给予消费者更多的体验服务，同时提供其他多种增值服务。阿迪达斯正是从全产业价值链来对其产品进行管理，给予消费者创造并递送了更多的顾客价值，因此，阿迪达斯的产品定价虽然偏高，但仍然受到市场的青睐，向上调节的幅度大多不会低于平均水平。

（五）体育用品品牌忠诚度与产业价值链的关联性

品牌忠诚度是考量体育用品品牌是否具有市场竞争力的一个重要指标，品牌忠诚包括购买行为忠诚和口碑传播忠诚，两个忠诚度越高，表明这一体育用品品牌越具有很强的市场竞争力。消费者对某一体育用品品牌的购买行为忠诚度由很多因素决定，主要包括体育用品的品质质量、个性形象、顾客关系质量等因素；体育用品供应主体从产业价值链管理出发，在生产制造、分销物流、售后服务及品牌顾客关系质量建设等环节为顾客提供更多的感知价值。针对消费者需求，为消费者提供功能性和专业化的产品，更受到消费者的青睐。体育用品企业通过整合营销传播营销，借助新媒体工具与其目标消费者进行互动，加强了企业的互动沟通，改善了企业与其顾客关系质量，提升了消费者对品牌的忠诚度。

从2011年下半年，我国体育用品产业进入了一个调整的寒冬时期，本土体育用品企业如李宁、安踏、361°等的市场销售下滑、库存增加，甚至出现严重亏损现象，直到2014年底才出现回暖。在这次体育用品调整危机中，安踏率先走出危机，2015年安踏的营业收入突破100亿元，达到111.26亿元，成为首个业绩突破百亿元的本土运动品牌。安踏能够率先突围，主要得益于：2012年开始的产业价值链的转型升级，安踏公司从终端零售渠道文化建设、管理效率提升、柔性化供应链管理、库存有效控制、渠道优化升级等方面入手，积极进行从原材料采购到零售终端渠道建设，不仅使内部管理效率大幅提升，而且为消费者递送了更多的服务，提升顾客感知价值水平，改善了顾客关系质量，使得安踏品牌的顾客对这一品牌的忠诚度大幅提高，安踏品牌的忠诚顾客群体也有显著增长之势。

三、体育用品品牌建设框架模型的构建

通过以上研究，结合体育用品品牌建设的理论与实践，沿着体育用品品牌建设的一般性路径，构建了以产业价值链为主线，以品牌建设参与者为主体，以品牌建设要素为内容的体育用品品牌建设的"三位一体"梯度框架模型。体育用品品牌建设框架模型如图3-8所示。

体育用品品牌建设的五个主要要素，即指体育用品品牌知名度、品牌联想、价格适中度、质量与品质认知和品牌忠诚度，始终贯穿于体育用品品牌建设的各个阶段。在体育用品品牌建设的规划阶段，从品牌产品选择开始就需要考虑到建设体育用品品牌资产的五要素。具体来说，在产品选择规划过程中，应该考虑到公司所选择的产品应该是公司能够保障体育用品质量满意度的，也就是能够在体育用品质量标志认知、品牌个性认知、品牌形象认知等品质质量及品牌特有属性特征方面具有优势的产品；同时在成本方面也具有自己的优势，保证价格适中度水平和公司盈利水平；这种产品还能够具备扩大品牌知名度的可能性。在环境分析、目标确定、市场选择、市场定位等各项工作中都要考虑到品牌建设的五要素。

在创立阶段的品牌识别系统设计、品牌注册、品牌产品投放市场、品牌文化内涵确立等各项工作中都需要体现五要素的特点。在这一阶段特别要注重对品牌联想素材的选择与设计，体育用品品质认知的正确引导以及体育用品定价机制的

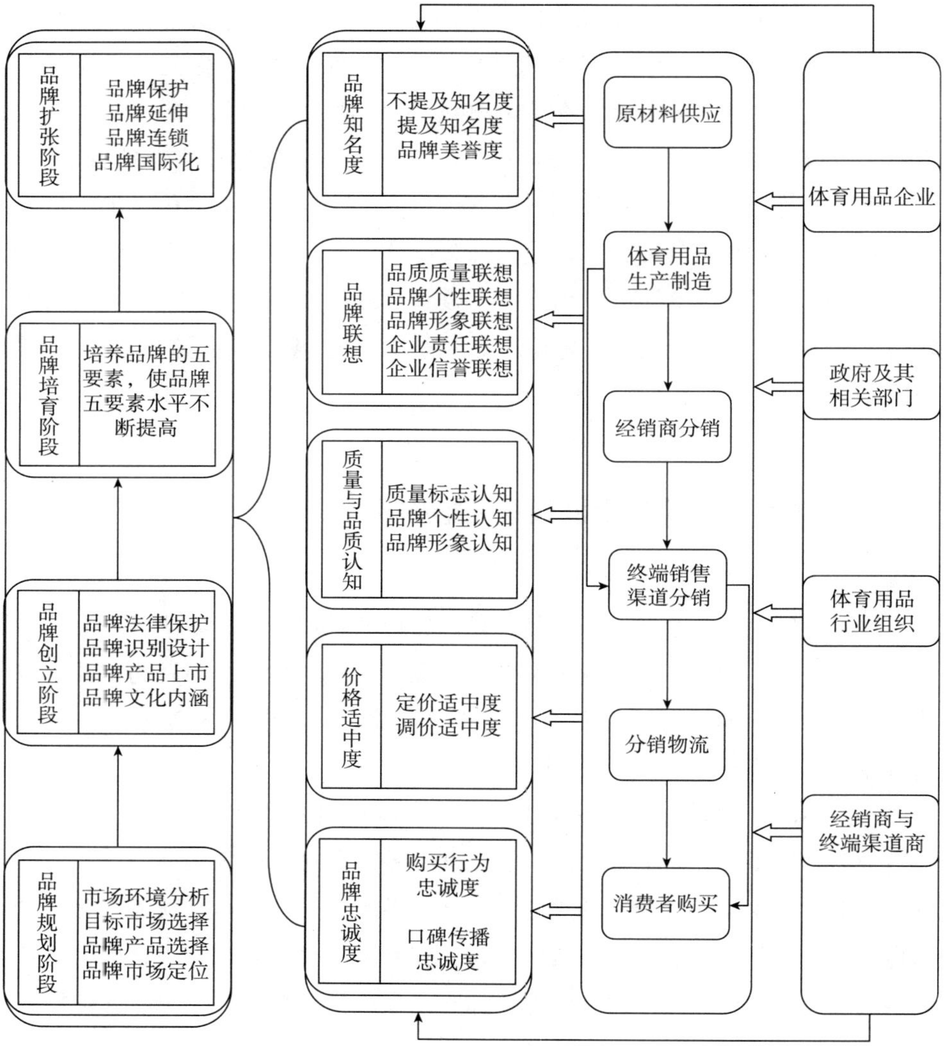

图 3-8 体育用品品牌建设"三位一体"梯度品牌建设框架模型

确定。例如"安踏"从字体表面上看,是一个四四方方的方块字,横平竖直,四平八稳,寓意安踏人安心创业、踏实做人的精神品质,充分展现了安踏企业的经营理念。"Anta"是中文"安踏"的英文名,在希腊语中的意思是"大地之母",体现出安踏无比的胸怀和对世界与人类的奉献精神。

在培育阶段的工作主要就是提高五要素的水平。特别是要注重对品牌联想素材的挖掘和培育,利用科技水平提高初级体育用品质量,构建体育用品的质量安全保障体系;加强体育用品企业的社会责任性企业文化建设,塑造体育用品企业掌门人热爱国家公益事业、关心国家体育发展的良好形象,以及诚信和社会责任感的企业家形象,有效引导消费者对体育用品品牌的品质质量联想、质量安全联想、企业责任联想和企业信用联想产生更多的正向联想;增强消费者对体育用品的质量标志认知、品牌个性认知、品牌形象认知等的品牌品质认知度;最终使得体育用品的品牌忠诚度不断提升,在激烈的市场竞争中表现出更多的竞争优势。例如安踏品牌在1999年与乒乓球世界冠军孔令辉签署代言人合约,以"我选择,我喜欢"作为广告口号。同时,安踏首创的全国极限运动精英赛。不仅为安踏品牌树立了良好的品牌形象和鲜明的品牌个性,也为品牌联想提供了很好的联想素材。

在扩张阶段就是继续围绕着五要素的提高更加深入地开展相关工作。在这一阶段特别要关注体育用品品牌忠诚度的维护和巩固,同时,对于品牌体育用品新进入的市场,应该加强对新市场中消费者对体育用品品牌联想素材的宣传和引导,有效引导和提高新市场消费者对体育用品的品质认知度,从而提升对体育用品的品牌忠诚度。体育用品品牌在扩张阶段要特别重视对分销渠道变革转型和升级,特别是终端销售渠道与消费者直接接触,体育用品品牌的美誉度、品质认知度、品牌联想和消费者对该品牌的总体印象和切身体验,都与终端销售渠道有密切关系。安踏公司与中国其他本土品牌一样经历了2012~2014年的体育用品市场低迷时期,但是安踏率先走出困境,得益于2013年就开始的"以零售终端为导向运营模式"的转型;安踏第一步,加快渠道转型和升级,分四步推进渠道变革:全国门店盘点、全国门店升级、渠道结构调整、门店升级优化。第二步是提升高端城市覆盖:提升Shoppingmall、百货、大卖场渠道覆盖。第三步是建立货品流转通路,全面解决库存问题。安踏公司通过"三步走"的渠道转型建设,不仅帮助安踏获得了较好的财务表现,也获得了市场的认可。

因此,整个体育用品品牌建设工作就是一个紧紧围绕"五要素"水平提高,从品牌规划到品牌扩张逐步深化的过程。在基于产业价值链的体育用品品牌建设"三位一体"梯度框架模型中,由于体育用品品牌建设的过程是单向往前的,体育用品品牌建设要素的水平也是跟随体育用品建设的各个阶段逐步向上。也就是说,体育用品品牌建设活动,是一个沿着体育用品品牌建设过程的方向逐步建设和完善体育用品品牌要素的过程,这一模型是体育用品品牌建设的工作指引和行为路径。

第四章

体育用品品牌建设模型的运行

基于产业价值链的体育用品品牌建设模型是一个复杂的系统模型，下面对这一模型的内部结构及其运行进行深入分析。主要分析基于产业价值链的体育用品品牌建设模型的运行主体、运行动能、运行保障及运行机制等，为体育用品品牌建设的实践提供有益指导。

第一节 体育用品品牌建设模型的运行主体
——产业价值链主体

产业价值链是一个由多个链环构成的复杂系统，在产业价值链不同链环段的链环主体也各不相同，归纳起来，在整个产业价值链中涉及的链环主体主要有以下四类：一是体育用品企业；二是政府及其相关部门；三是体育用品行业组织（协会）；四是经销商与终端销售渠道商。产业价值链主体与体育用品品牌建设主体相重复。产业价值链与其链环主体对应关系如图4-1所示。

一、体育用品企业或者其他相关企业

体育用品企业是产业价值链上最重要的链环主体，也是体育用品品牌建设的

主力军,是体育用品品牌的所有者、决策者、建设者和受益者。产业价值链上的企业链环主体几乎涉及产业价值链上所有链环的产业运作活动,直接决定体育用品品牌建设的成效。

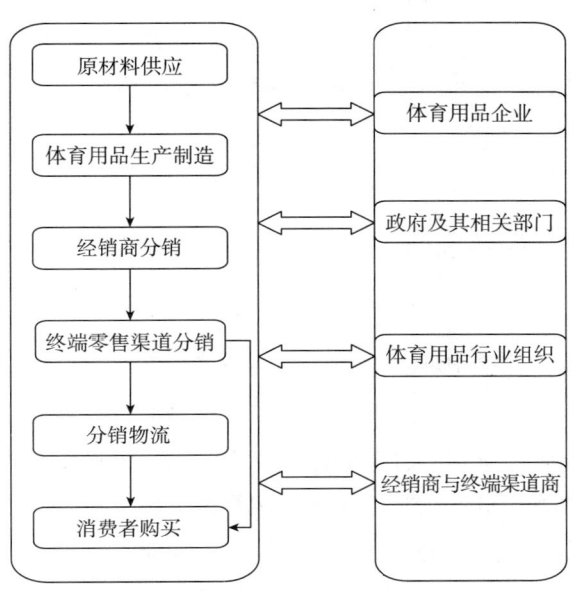

图4-1 体育用品产业价值与其链环主体关系

在产业价值链中,有些知名品牌体育用品企业深谙原材料供应在体育用品产业链上的重要地位及其在体育用品品牌建设中的重要价值。如Speedo牌的"鲨鱼皮"泳衣通过在原材料上精细投入、选用品质优良、健康环保的原材料来保证体育用品品牌产品质量。进而,在产业价值链中有些生产制造企业精耕细作,专门为顶级大牌企业生产制造高品质产品,如Nike产品的高品质来源于它工艺精湛的生产合作伙伴,而它从来没有自己的自设工厂。而有些本土体育用品品牌企业则非常重视产品研发投入,如安踏、李宁曾斥巨资建立运动科学实验室或研究中心,致力于运动科学、产品测试、核心科技开发和提供产品功能等领域并取得了丰硕的成果,为其相关品牌建设和中国体育用品行业发展做出了重要贡献。在产业价值链中,体育用品企业通常与当地区域有实力的体育用品类的经销商以合资、协议等的方式构建合作联盟关系来占领市场,提高市场占有率,如贵人鸟公司的"多品牌+多渠道"分销。进而,体育用品终端新零售模式"线上线下深度融合、大数据和云计算、零库存、体验式消费、定制化产品"的趋势在 Nike、Adidas、NEW Balance、Asics 等领导品牌体育用品企业中体现明显。产业价值链中体育用品企业中的后起之秀们通过这些传统分销或新的终端零售模式在业界快速崛起。而缺乏品牌竞争力及终端掌控能力的中小品牌逐步淡出市场,主要依靠低价占据部分低收入人群市场,但份额逐步被大品牌侵蚀,例如双星、金莱克、鳄莱特等品牌企业。

二、政府及其相关部门

政府作为产业价值链中的一个重要链环主体,在产业价值链整体运行进程中充当着重要角色,承担着对产业价值链有效、有序运行的监督、协调和管理等职责,对体育用品品牌建设起着重要的作用。为了推动体育用品产业的健康、快速发展和壮大,为地方经济发展和产业结构调整做出更大贡献,政府会通过制定促进甚至扶持体育用品产业发展的各类政策法规;同时,为规范体育用品产业的有序发展,政府相关部门会加强对这一产业的规范和监督管理,对危害这一产业发展的各类不法行为进行处罚和清除;同时,政府还会对体育用品产业价值链中的各个链环主体间的矛盾和冲突进行协调和处理,保证体育用品产业的健康发展。体育用品产业价值链中的政府链环主体包括了政府的多个部门,既包括政府中的体育用品行政管理部门、工商行政管理部门、质检管理部门,甚至还要涉及公安和司法部门等。

三、体育用品行业组织

体育用品行业组织在体育用品产业价值链的健康、快速发展中起到不可替代的作用,体育用品行业组织在规范行业秩序,构建行业信息资源沟通交流平台,制定行业规程等方面发挥着重要作用,是体育用品品牌建设的重要保证。体育用品行业组织为本行业中的企业构建了一个资源共享和互通有无的有效平台,使本行业中的企业能够获得更多的信息、资金和人力资源；通过加强行业自律和维护本行业的各种合法权益，从而推动整个产业的发展和壮大。同时，体育用品行业组织在处理行业危机事件，进行危机处理和公关方面也发挥着重要的作用。例如中国体育用品联合会（China Sporting Goods Federation，CSGF）、中国教育装备行业协会（学校体育装备协会）、中国文教体育用品协会、中国体育用品协会等长期以来致力于为体育用品企业服务，推进体育用品企业的联合，发展体育用品生产、促进体育用品流通，在组织信息交流、提高体育用品质量、扶持和推广名牌产品，培育体育市场方面进行了广泛、深入的工作，得到了广大体育用品企业的信任与支持，对我国体育用品企业的本土品牌建设做出重要贡献。

四、渠道分销商

在体育用品产业价值链中，渠道分销商主要包括经销商和终端销售渠道商，它们是品牌建设的基础主体，承担着体育用品分销和零售的任务。经销商和终端销售渠道商在体育用品品牌建设中充当着重要的角色。经销商和终端零售商一方面充当品牌建设一手信息的收集反馈者，另一方面自身就是品牌美誉度、品牌联想、品质认知和品牌忠诚的建设者。同时，经销商和终端零售商长期与消费者接触互动，是品牌—消费者关系的主要维护者，在体育用品品牌建设中有着无法替代的重要作用。由此，体育用品企业热衷于与有实力的经销商或能为顾客提供优质服务的终端零售商建立良好的合作伙伴关系，进而打开当地市场并塑造良好的品牌形象。体育用品品牌的市场定位与其合作的经销商与终端零售商有直接关系，如定位高端市场的品牌，其净销售或终端销售渠道大多布局在一、二线城市的高端商场之中；定位中低市场的品牌，其经销商或终端销售渠道布局在三、四线城市的比较多。而随着互联网技术在分销与零售中的应用，线上线下深度融合、大数据和云计算、零库存、体验式消费、定制化产品等越来越多地在营销实际中的应用，体育用品企业的新经销与零售渠道模式通过生产、销售、物流等环节的升级优化，给消费者递送了更好更多的价值，将进一步加深消费者对目标体育用品企业的品牌认知，从而提升其品牌形象和品牌资产。

第二节 体育用品品牌建设模型的运行动能
——体育用品品牌的作用

改革开放以来，我国体育用品品牌化经营迅猛发展，品牌体育用品的市场占有率大幅提高。体育用品品牌具有识别功能、传播推广功能、溢价功能、品质保证功能和质量安全保障功能等结构性功能。品牌体育用品不仅能有效节约消费者的成本，而且给消费者以质量与品质的保证；品牌体育用品的溢价功能给体育用品企业带来更多收益和更高的市场份额，能有效提高体育用品企业的市场竞争力；品牌体育用品增加了体育用品企业的收入，增强了他们的经营能力；品牌体育用品的品质保证功能和质量安全保障功能有效地提高了政府及其相关部门的公信力，节约了政府管理体育用品市场的成本，品牌体育用品的成功国际化还能提升政府的国际外贸形象及国际地位。因此，体育用品品牌对各个品牌建设主体形成一股强有力的动能，有效推动体育用品品牌建设模型的高效运行。

一、体育用品品牌对消费者的作用

（一）体育用品品牌降低体育用品消费者信息收集成本和选择成本

为了深入研究体育用品消费者的购买行为，下面将体育用品消费者的购买行为划分为五个基本环节，分别是：体育用品需求产生、信息收集、备选集建立、优选决策、实施购买。在这五个环节中，花费成本最多的是信息收集和优选决策环节。

1. 体育用品品牌降低了消费者信息收集成本

随着体育用品市场竞争的加剧，消费者收集信息的难度越来越大，这个

"难"不是因为信息量太少,而是因为信息量太多。当今世界被称为"信息爆炸时代",这个时代的特征是信息量大增。据有关部门对1977年与2007年山东省泰安市体育用品供给情况调查与分析,泰安市体育用品市场的体育用品供应品种与品牌30年间增长了17.7倍和17倍。新增加的每一个品种或品牌都包含了商品的质量、价格、性能、服务等多个子信息。每一个子信息都是消费者购买选择的影响因素。消费者为了做出正确的选择,总是希望收集尽可能多的信息,因此,消费者在购买商品时信息收集和信息处理的任务是繁重和复杂的。例如,20世纪80年代,我国的运动鞋品牌屈指可数,且大多数人都会选择国产的"解放牌"运动鞋。但30多年后,进入我国的运动鞋品牌已达数千种,而这些品牌因市场份额或消费者的不同又有更细的划分,如安踏、李宁等本土领军品牌;匹克、特步、361°等大众品牌;New Balance、Asics、Skechers、Kappa等潮流品牌。每个品种信息集又由质量、价格、耐用度等多种信息组成,其中的质量指标又由原材料质量、工艺质量等诸多子信息组成。假设每个品种按照十条有效信息计算,市场上体育用品的有效信息足有1000条之多。在有限的时间内将这1000多条信息收集起来,自然不是一件容易的事。生产者为了解决这个问题,设计了"品牌"这样一种信息传递方式,试图将相对稳定的承诺信息集合"捆绑"以后,通过品牌传递给消费者,以方便消费者信息收集。消费者看到一个品牌就能够知道企业对一个产品的承诺集合。品牌所代表的信息集合是相对固定的,基本特征比较容易把握。消费者利用品牌进行信息收集,成本将大大降低,而效率会大大提高。

2. 体育用品品牌降低了消费者选择成本

当消费者通过信息收集建立起可供选择的备选集后,就要在备选集里做出择优决策。在品牌缺失的情况下,消费者要在纷繁复杂的信息集合中进行信息比较,这个比较需要相同层次的信息两两比较,也需要不同层次的信息多方面比较,这必然会导致选择成本极高,甚至使消费者无法实现选择。可现实是消费者普遍完成了选择,说明人们并没有按照完全信息、完全理性、产品性能差异等方式进行选择,而是按照品牌信息集合的不同含义进行了选择。换言之,品牌成为了消费者完成选择的标准。可见,在引入品牌后,一切选择问题变得简单了,消费者需要的是某些特定利益点,而品牌则是某些特定利益点的标志,消费者直接根据品牌所代表的特定利益点进行择优决策就可以了,这样就节约了选择成本。

(二) 体育用品品牌消除体育用品消费市场中的逆选择现象

逆选择现象是指当产品的卖方对产品质量比买方具有更多信息时,由于买卖双方对产品质量信息的拥有不对称所导致的低质量产品把高质量产品驱逐出市场,从而使市场上产品质量持续下降的现象。体育用品质量具有一定的隐蔽性,需要较长时间的使用才能全面了解,消费者对体育用品信息的掌握远远少于体育用品生产者,体育用品市场明显体现逆选择特征。在传统的经济学理论中,体育用品市场一直被看作是最接近于完全竞争的市场结构,并用其验证完全竞争市场的特点,即产品同质、生产者众多。可是,现实中的体育用品并不符合完全竞争市场的假设,即体育用品并不是同质的。体育用品生产区域不同,风格不同,产品的品质与使用性能就不同;生产过程的工艺不同、程序不同、种类不同都会导致体育用品的内在质量不同,尤其是体育用品设计、生产、功能等特点决定了其不同的品牌形象及消费者的不同选择。原材料的材质、做工精细度、产品内涵设计都属于体育用品内在质量问题,这些信息对于买卖双方来说是不对称的。一般情况下,体育用品的生产经营者经历了原材料初处理、加工等生产行为,对产品的质量信息比消费者有更加全面的了解,消费者如果想了解更多的质量信息,单纯依靠体育用品的外观判断显然是不可能的,而采用检测设备检测体育用品质量对于一般消费者来说又是不经济且不现实的。所以,消费者只愿意根据某种体育用品平均质量来支付价格。但是,在不同质量水平的体育用品共存市场中,由于优质体育用品的生产经营者需要较高的投入而不能获得足够利润,甚至不能弥补生产优质体育用品所付出的成本,致使质量高于平均水平的优质体育用品退出体育用品市场交易,而质量较低体育用品的生产经营者却获得了较高的利润。长期如此,当消费者发现市场上所出售的体育用品质量下降时,其愿意支付的价格也随之下降,进而导致质量水平稍高的体育用品也逐步退出市场,形成体育用品市场质量更加下降的恶性循环,最后,只有质量较低的普通甚至劣质体育用品充斥着整个市场。体育用品市场的逆选择现象不仅不利于消费者现实需求的满足,也不利于生产经营者获得较高利润。为了消除逆选择现象,生产经营者会努力寻找有效方法使消费者相信生产者提供的信息是正确的、可信的。体育用品品牌体现了生产经营者的承诺，承载了生产经营者赋予产品的大量相对固定的信息，使得消费者通过品牌就可以知道这个产品的质量、功能、特点等信息。从而形成优质体育用品市场与消费的良性循环。

总之，体育用品品牌是体育用品品质、特点、功能的标志、名称或者符号，能够起到降低消费者信息收集的成本，也能起到消除体育用品市场中消费者逆选择现象的作用。

二、体育用品品牌对体育用品企业的作用

（一）体育用品品牌降低体育用品企业的产品推介成本

随着体育用品品种和体育用品企业数量的"爆炸式增长"，消费者面临的可选择信息越来越多，生产者获得消费者的"选票"难度越来越大。体育用品经营者推介产品、吸引消费者购买的成本也变得越来越高。体育用品企业为了生存、发展，必须考虑降低推介成本，提高推介效率。由于市场上体育用品的品种繁多、竞争激烈、消费者被纷繁的信息所困扰，体育用品企业在市场上采取逐一介绍自己体育用品的功能、特点、质量的做法是不容易引起消费者注意和信任的。首先，消费者为信息的"爆炸式增长"困扰，对新信息有排斥情绪；其次，消费者难以记忆凌乱的、被逐一介绍的信息。所以，在没有品牌的情况下，体育用品企业即使投入巨大的推介成本，也难以赢得很多的消费者。但是，体育用品企业如果采取品牌策略，用品牌将体育用品企业和产品信息"打包"呈现给消费者，就能达到事半功倍的效果，达到降低体育用品企业推介成本、增加销售的目的。

（二）体育用品品牌增加体育用品企业利润

体育用品品牌可以克服体育用品市场的逆选择现象，有利于促进体育用品企业利润的增长。随着经济发展和收入水平的提高，消费者对优质体育用品的需求

是旺盛的,只是苦于不能分辨体育用品质量的优劣,才使自己不敢购买生产者自己"标榜的"优质体育用品。一旦有一个制度保证体育用品生产者供给的优质体育用品是"真"的,消费者将会为了自己的身体健康毫不犹豫地慷慨解囊。"品牌"就是要承载生产者对产品质量的承诺,以获得消费者信任的制度。通过品牌,消费者就可以放心地购买自己信得过的优质产品,也即品牌体育用品。由于优质体育用品受到外观、材质、性能、科技含量等体育技术水平的限制,所以优质体育用品的生产成本较高,且生产能力难以适应人们对优质体育用品的需要,使优质体育用品长期处于供不应求的状态,在这种情况下,品牌体育用品的价格一定高于均衡价格,为消费者带来超额利润。因此,品牌在解决了体育用品市场的逆选择后,将直接增加消费者的有效需求,促进企业利润的增长。

(三) 体育用品品牌促进体育用品企业永续增长

体育用品企业与一般工业企业一样都希望能够永续增长,体育用品企业建设品牌的最终目的就是希望通过发挥品牌的功能,使体育用品企业永续增长。在现实经济中,企业诞生和死亡是相伴而生的。据统计,在中国近4000万中小企业中,68%的中小企业是在5年内倒闭的,19%的中小业企业存活期只有6~10年,而能活过10年的仅有13%。虽然大部分企业是短命的,但也有一些企业长盛不衰。据统计,体育用品界的"百岁企业"有数百家之多。例如:大家熟悉的"百年品牌"阿迪达斯Adidas(1920年)、彪马PUMA(1948年)和锐步Reebok(1895年),都是举世闻名的顶级体育用品企业。那么,为什么这些企业能够持续增长而有些企业却不能呢?一个重要原因在于这些企业"品牌"建设成功。企业的永续增长可以分解为两个方面,一个是"永续",即长久,时间上的长期;另一个是增长,一般表现为销售量的增长。消费者在购买产品时,力求信息搜寻成本和选择成本的最小化,而品牌能够降低信息搜寻成本和选择成本。

在品牌建设者遵循品牌承诺的情况下,消费者自然愿意忠诚于自己所信任的市场已有的品牌。这种"忠诚"导致消费者的重复购买,重复购买的结果导致企业的"永续"。不仅如此,品牌建设成功的企业在凝聚了一部分忠诚的消费者的同时,又不断地吸引着新的消费者。品牌的实质是信用,一个企业通过品牌向消费者展示自己企业的信用,通过扩大品牌知名度来宣传、扩大自己企业的声誉，从而吸引越来越多的消费者。越来越多的消费者带来越来越多的销售收入，销售收入的增加，会带来利润的增加，这也就是实现了企业的"增长"。

三、体育用品品牌对渠道分销商的作用

在我国，体育用品的材料采购、设计、生产、品牌塑造环节一般是由体育用品企业完成的，而体育用品品牌推广往往是由与体育用品企业有着合作联盟关系的渠道分销商（经销商和终端零售渠道商）来完成的。与此同时，体育用品品牌也会对渠道分销商产生明显的积极影响。

（一）体育用品品牌增加渠道分销商收入

一般情况下，体育用品企业要推广旗下的品牌产品，离不开经销商的代理和终端零售渠道商的营销渠道。一个体育用品品牌企业往往会与目标市场的多家渠道分销商合作，而很多体育用品渠道分销商通常不只是经销一个品牌的体育用品，一般会同时经销多个品牌，甚至包括其他同一大类的产品品牌。那么在实际的营销过程中，当经销商轮流主打推广各大品牌产品时，同一大类的不同品牌会在经销商的经销过程中形成一种聚集效应。零售商们会更乐意以更高的成本价与这些具有优质多品牌的经销商合作。进而，终端零售渠道商会将代理的一个或多个类似的品牌产品进行针对不同需求的目标客户群的精准营销。而这种能极大满足客户需求的营销将促进形成更高的客户满意度和更专业的该类产品形象，加深顾客的品牌认知和客户忠诚度，并愿意为目标品牌产品支付较高的价格。由此增加终端零售渠道商乃至经销商的收入。

（二）体育用品品牌增强渠道分销商可持续经营能力

在没有品牌的情况下，体育用品市场的逆选择导致体育用品渠道分销商采取一切可能降低生产成本的办法（如采购价格便宜的产品、选择低物流费用的产品或与就近的体育用品企业合作等）来增加收益。长此以往，市场上到处充斥着低

成本的体育用品,而真正优质的体育用品因其高成本和难以建立可信度而无迹可寻,这不利于渠道分销商的可持续发展,最终也将导致渠道分销商难以持续经营。而当体育用品企业在体育用品品牌制度的约束下推广经营其品牌产品时,该产品在顾客和渠道分销商心中的可信度必然大幅度提高,这将随之带动渠道分销商更多且更好地代理该品牌产品,不管是经销商还是终端零售渠道商营销收入也随之大幅度增加。如此体育用品企业与渠道分销商、顾客之间就会进入良性循环状态。这时,渠道分销商会慢慢地知道品牌能使自己致富,他们将倾向于代理符合优质体育用品标准的体育用品品牌产品,同时,顾客也发现,品牌产品能保障自身安全健康,且更经久耐用等。这些认识随着时间的推移会逐渐地变成体育用品经销商、终端零售渠道商及顾客的自觉意识,渠道分销商就会把选择科学生产,高品质产品作为代理经销的自觉行为。随着体育用品品牌化经营的不断深入,会有越来越多的渠道分销商经营代理优质体育用品,最终,整体体育用品的质量就会大幅度提高,我国的体育用品竞争力就会增强,优质体育用品的全面和可持续发展便成为必然。

四、体育用品品牌对政府的作用

(一) 体育用品品牌可以降低政府的管理成本

近年来,随着中国越来越多地参与世界大型体育运动赛事,且综合体育运动能力的日趋强势,中国体育用品质量安全和体育用品国际形象引起了全社会的广泛关注。各级政府都相继建立了保障体育用品质量安全管理体制和法律法规体系,制定了一系列体育用品质量标准体系、体育用品市场准入制度以及科技支持体系等。这些措施的实施,必然导致政府的管理机构增多、管理成本增加。体育用品品牌的有价性决定了创建者一定会珍惜所建品牌,会努力按照品牌所承诺的产品质量、个性特征推出产品和服务,以免因个别产品的质量、个性不符导致品牌定位混乱、品牌形象受损,在这一过程中,有一定规模的、负责任的、有长远发展规划的企业会加大投入购置所需的体育用品质量检测设备,对自己生产的产品进行严格检测,以保证产品质量符合承诺,实现品牌的长期保值、增值。体育用品企业的这种自觉保护品牌、保证产品质量的做法,必然会减少政府监管的成本,提高了政府管理效率。

(二)体育用品品牌可以促进政府管理目标的实现

政府的体育用品管理目标是保障消费者安全、增加体育用品生产企业收入、提高体育用品行业整体发展水平。体育用品的质量安全关系到公众健康与安全,是政府管理目标的重要内容。体育用品品牌可以促使体育用品企业自觉提高产品质量,促进政府保障广大消费者安全的目标实现,体育用品品牌建设可以提高体育用品销售价格,实现体育用品企业增收的政府目标;体育用品品牌建设可以提高整体体育用品竞争力、提升体育用品行业科技水平,实现促进体育用品行业整体水平发展的目标。

(三)体育用品品牌可以提升中国政府和"体育用品国家品牌"的国际地位

"体育用品国家品牌"指一个国家的体育用品在国际社会的总体形象和认知水平。前些年的"中国制造"问题涉及体育用品领域的事件比较多,日本针对中国体育用品出口加高了进口门槛,欧盟和美国也采取了措施,利用各种贸易壁垒对中国出口体育用品给予限制,中国体育用品品牌国际形象受到严重挑战。重新树立中国体育用品国际形象,重新定位"中国体育用品国家品牌"是我国政府的重要责任。成功实施体育用品品牌战略能够有效提高体育用品企业提供优质产品的自觉性和积极性,提高出口体育用品质量水平,进而提升中国政府在体育用品质量管理方面的国际形象和中国"体育用品国家品牌"的国际地位。

我国体育用品本土品牌建设

第三节 体育用品品牌建设模型运行保障
——产业价值链的品牌性功能

体育用品产业价值链作为一个具有价值创造和增值功能的链网式链接的一体化组织系统，不但具有体育用品功能的特性，而且也具有一般产业链的属性。体育产业链除了具有一般产业链的产业功能外，其品牌性功能也是非常突出的，即体育产业链在体育用品品牌建设中具有重要促进作用和保障功能。体育产业链的品牌性功能主要包括：质量安全保障功能、价值传递和提升功能、消费引导功能、品质认知性功能和品牌联想功能等。正是由于体育产业链具有强大的品牌性功能，体育用品品牌的品牌质量安全和品牌品质认知才有坚实的保证，体育用品品牌知名度提高与品牌联想的开展才有更多的宣传推广素材。因此，体育用品产业链的品牌性功能是体育用品品牌建设模型健康、高效运行的有力保障。

一、质量安全保障功能

质量与品质保障是品牌体育用品的基本要求。保障体育用品质量与品质，不仅是实现体育用品企业增收、财政增税、企业增效和体育产业可持续发展的良好途径，也是打造体育用品强势品牌和提升国际竞争力、立足国际市场的有力保证。

然而，在体育用品生产步入规模化和产业化的今天，体育用品不仅包括体育用品的原材料（如橡胶、铁、钛合金、涤纶及棉），而且还包括运动鞋、运动服及运动器材等体育产成品。体育用品与其产业链上更多企业组织及相关监管部门紧密相关，但是体育用品的质量却引起消费者的担忧，如"有毒塑胶跑道""儿童运动鞋不合格""2015 年运动抽检不合格率为 11.1%"等恶性事件给我们警示：体育用品的安全性直接关系到消费者的生命安全。确保体育用品的质量安全必须从体育用品产供销全产业链入手，对整个体育用品产业链的每个环节进行有效监管。因此,全面深入地分析我国体育用品产业链的结构、主体及其运行机制,从体育用品全产业链的视角探索体育用品质量安全与体育用品产业链之间的关联性,探索体育用品质量安全问题及产生的原因,掌握保障我国体育用品质量安全的规制主体、规制对象、规制范围和规制方法等,从而构建保障我国体育用品质量安全的全产业链监管体系模式;使我国的体育用品成为强势品牌,具备质量安全保障这一坚实基础。

二、价值传递与提升功能

从价值角度来看,体育用品产业价值链管理与各渠道环节的开拓能够增加体育用品附加值,通过对在渠道环节增加客户的体验感与互动感,增加顾客对品牌的认知,吸引潜在客户,引致需求产生乘数效应,同时产业价值链各环节之间的整体关联具有巨大效能,可以创造更多的社会价值,增加社会财富;同时,作为体育产业价值链中的核心要素体育用品的价值也得以增值。

价值提升功能主要体现在以下几个方面:

第一,增加体育用品附加值,发展多品牌战略。体育用品产业价值链延伸时,产业价值链从实物形态上看是随着产品多品牌,产业外部特征发生转变,增强了其功能和作用。从价值形态上讲,产业价值链拓宽产品的综合利用程度,提高资源的使用效率,创造了更高的价值。例如,安踏的多品牌战略。2007年安踏收购意大利运动品牌FILA,并将FILA定位为高端运动时尚品牌。随后,2016年,安踏专注于与冬季运动产品及功能性产品的迪桑特合作,成立合营公司,并计划在国内开设100家零售店。

第二,体育用品产业价值链的整体效率和联动机制使体育用品的质量有保证,特色更鲜明。安踏作为"中国奥委合作伙伴"身份、"冠军龙服"及奥运营销"强推"营销,在国家队资源层面有新的积累。在本届奥运会上,安踏更加关注与观众的情感共鸣,安踏通过对热点事件的把控,围绕着"去打破"的奥运传播主体,创造了一个又一个热门话题。

第三,带动相关产业的建立与发展。产业价值链通过加强中间环节,可以带动其他相关产业发展,比如发展体育上游橡胶、塑料及纺织等产业、体育消费品

我国体育用品本土品牌建设

下游体育竞赛产业以及体育媒体的发展。

三、消费引导功能

消费者是市场需求的主体，也是市场经济活动的主体。一切商品和劳务的供给予需求，归根结底都是为了消费，都要服从和服务于消费者的生活需要。消费者是市场经济活动的核心，社会主义市场经济是以消费者为核心，是一种消费者主体经济，因此消费对有效配置资源起了重要作用。一方面，在流通过程中，消费者能依据自己的货币支付能力，按照自身的意愿和偏好从市场上选购各种消费品；另一方面，生产者和经营者不断根据市场信号所显示出来的消费者的意愿与偏好调整生产和经营结构，开发新产品，改进和提高服务质量，使之满足消费者的需要。因此，对于体育用品的生产不仅要根据市场变化来调整生产结构，使所提供的体育用品满足市场的需求，还要通过体育产业链的开发和创新，生产出具有优质性和稀缺性等独特竞争力的体育用品，以此来引导市场消费。

从2010年开始，体育用品行业就开始进入五年的低增长时期。2011年，体育用品行业增加值发生了一个断崖式下降，随后整个产业进入了一个低增长阶段。而在行业内部以体育服装生产销售为主的公司营收大幅度下滑，而以用户用品和球类产品制造为主的一批企业快速崛起，成为保住增长的主力军。因此，体育消费结构面临明显的结构升级需求。在体育产品中，服饰装备是最直接的刚性需求。过去几年里，国内鞋服装备一直给人产能过剩的印象。但实际上，过去产品的概念更多停留在运动休闲大众的服饰，消费升级后，会向专业和分层级的装备过渡，具有科技感和时尚理念的新型装备，将会成为运动人群主动选择的品类。这些附加值能够吸引消费者的消费。对于体育器械类产品，基础性体育用品的消费比重明显下降，但骑行、游泳、垂钓用品的消费比重一路上行，2015年上半年，上述运动消费增速超过75%。同理，在体育产品产业链组织中，也应倡导品牌战略，以此来引导消费。一个名牌产品背后往往意味着一个产业群，意味着一个庞大的消费群体，对当地经济发展和产业提升有着难以替代的作用。因此，越来越多的消费群体在消费的潜意识当中，最关注的是产品的品牌。品牌代表了一个产品的质量、知名度等，是一种重要的无形资产。在产品同质化日益严重的今天，越来越多的消费者面临着选择困扰，此时，一个富有生命力的品牌形象对于消费者需求的引导就有至关重要的作用。

四、品质认知与识别功能

个体的力量永远敌不过团体的力量，产业价值链具有个体无法匹敌的威力和可信度。具有强大产业价值链体系作为保障的体育用品更容易获得市场的接受，也更容易得到消费者认可。因此，具有产业价值链体系保障的体育用品会获得消费者更高品质认知度。

体育用品产业价值链中的品牌体育用品作为企业重要的无形资产具有极大的品牌效应。第一，产业价值链中的知名品牌可以提高其新产品的市场认可度。这样可以减少新产品的市场导入费用。通过采用体育产业链名牌扩展策略，可以使消费者迅速了解新产品，节省大量的促销费用。同时也使消费者对新产品有较好的印象，使新产品更容易为消费者所接受。例如，在香港上市的六家以体育服装为主营业务的巨头：李宁、安踏、361°、匹克、特步及动向。可以利用品牌知名度，将新产品引入市场。第二，利用龙头企业品牌的良好声誉，快速树立新产品的良好形象，引导消费者购买新的体育用品。由于良好品牌深受消费者的欢迎和信赖，因此，如果将这些名牌扩展使用到产业链的一些新产品上，消费者对扩展产品也会产生信任关系，有助于体育用品的推广。安踏在不断创新，建立中国运动品牌第一家运动科学实验室后，截至2015年获得专利40多项，基本与国外的耐克与阿迪达斯站到一个水平上，其自主创新产品销售额占比从15%上升到35%。

五、品牌联想功能

阿迪达斯的广告词"没有不可能"和耐克集团的"一切皆有可能"的广告词，都是从产业价值链上做品牌的宣传和推广，目的就是给消费者良好品质和运动体验的正向联想。耐克的产业链很广，渗透到生活的方方面面，主要包括运动鞋类、运动服及运动器材等。因为只有产业价值链才能给消费者无限多的正向联想，得到市场的全面认可。

体育与生活方式息息相关，所谓体育就是身体力行。然而，体验对于体育用品品牌来说至关重要。迪卡侬就是以低价格、高品质的创新产品以及对门店运动场景化的设置不断刷新着消费者对于运动品牌的购物体验。迪卡侬在线上与线下都引导消费者在运动中如何拥有更好的体验，而不是单纯地在销售商品。以专业化的知识为运动爱好者提供服务，消费者在线上感受到愉快的购物体验，也会愿意到线下门店购买，促进了线上消费者向线下门店流动。同时，迪卡侬还积极在门店举办适应当前季节的运动品类体验活动，消费者可以免费参与。迪卡侬这种在产品研发对外"享受运动快乐"理念的传递方面契合了奥运会之后全民健身热潮下休闲健康的生活方式，消费者认同迪卡侬的文化，自然而然就会慢慢爱上它的产品，以此建立的联系相比传统广告而言更为密切。因此，迪卡侬的品牌联想功能主要体现在：找到消费者——提升体验的运动乐趣——低成本的口碑营销，为企业创造大价值。

第四节 体育用品品牌建设模型运行机制
——产业价值链机制

体育用品品牌建设模型的运行机制由体育产业链的运行机制来提供和保障，由于体育产业链的链环主体就是体育用品品牌的建设主体，体育用品品牌建设模型的运行主要依据体育用品品牌各建设主体间的互动关系活动而展开，体育用品品牌建设的最后成效是随体育产业链各链环主体间的各种机制作用的结果不同而有所不同，因此，体育用品品牌建设模型的运行机制其实就是体育产业链的机制。

产业价值链是一个较为复杂的产业链形态，不但产业链较长、行为主体多，而且产业链的行为主体的性质各不相同，既有品牌企业主体、政府主体和体育行业组织，还包括非品牌企业。因此，体育产业链的运行机制也比较复杂。体育产业链的运行机制主要有利益分配机制、风险共担机制、竞争谈判机制、信任契约机制、沟通协调机制和监督激励机制六种。其中，信任契约机制是基础，利益分配机制是核心，风险共担机制是本质，竞争谈判机制是手段，沟通协调机制是关键，监督激励机制是保证。以上六种机制通过市场机制这只"无形的手"和政府机制这只"有形的手"共同作用于产业链，推动整个体育产业链的正常运行。

一、体育用品产业价值链的信任契约机制

产业价值链信任是指产业链核心企业与节点企业以及节点企业之间的相互信任。然而，体育产业价值链的主体具有多样性，不仅包括体育用品制造商，而且也包括原材料制造商、经销商分销、终端零售分销渠道及分销物流，主体的多样性和复杂性给体育用品产业链信任契约机制的构建带来很多不稳定因素。一般而言，体育用品产业链企业间信任关系的形成和发展要经过一次博弈、重复博弈和信任形成三个阶段。伴随着合作博弈的不断重复和深化，产业链主体之间的信息能够得到快速的传递和沟通，各自的文化差异和价值观念不断被吸收和认同，主体间将逐渐建立起信任关系以代替博弈和威胁，从而成为产业链维系的纽带。

二、体育用品产业价值链的沟通协调机制

冲突是一个行为主体为谋求自身利益而与其他行为主体的对立、对抗和斗争。只要人们感到差异的存在，则冲突状态也必然存在。体育用品产业链中的各主体一旦由于各自的利益诉求不同时，链主体从各自自身利益最大化出发进行生产经营活动时，必然产生利益冲突，因此必须建立科学有效的产业链协调机制，及时沟通、解决合作企业间的矛盾和冲突，才能最终实现产业价值链整体价值最大化，保证产业链的稳定、高效运行。

导致体育用品产业价值链冲突的原因主要有：一是产业价值链合作伙伴间的目标不一致；二是合作伙伴间的利益不一致；三是信息不对称造成信息在产业链中传递时发生扭曲（纪淑娴，2004）。当产业价值链合作伙伴间的目标不一致时，

可通过反复多轮谈判解决，如果不能解决则只能另寻新的合作伙伴；如果合作伙伴间利益不一致，经过反复沟通协商谈判，一般合作双方都可达成一致。对信息不对称造成的"牛鞭效应"则需要通过综合治理来加以解决。为消除信息不对称引起的产业链冲突，必须建立产业链的协调机制。体育产业链的沟通协调机制就是构建各个主体沟通协调的平台和渠道，围绕着提高产业价值链的持续竞争力，实现产业链价值最大化，风险最低化的总体目标，有效推动各个主体间的相互信任，寻求一个折中解决方案来满足各种相互矛盾的目标和利益诉求；体育用品产业链中的沟通协商过程是一个目标的动态优化过程。

三、体育用品产业价值链的利益分配与风险共担机制

一般来说，体育用品产业价值链中的各链环主体都是独立的经济体，任一节点链环主体都不会为了其他合作伙伴的利益而牺牲自己的利益，自身利益最大化是合作伙伴组建成产业链的强大动力，获取产业链剩余利润是所有节点链环主体追求的目标，合作伙伴能否获取产业价值链剩余利润是产业链能否长期稳定运行的关键因素。

体育用品产业价值链利益分配的总原则是利益平衡原则，具体可分为四项基本原则：剩余利润合理原则（每个加盟产业链的企业所获取的收益必须大于或等于加盟产业链前的收益，即必须获取产业价值链的剩余利润，否则，企业就不会加盟产业链，即使加盟了产业价值链，也将退出产业价值链）、付出与收益相对称原则、风险与利益相对称原则和综合优化原则。在体育用品产业链中，核心品牌体育用品企业和其他体育用品企业处于不同的竞争地位，它们获取利益的比例是不同的，因此它们对于风险的分配也是不同的。核心企业通过自身的努力和契约的内容来追求自身利益的最大化，然后节点企业根据契约追求利益的最大化，并决定自身最优行为。对于产业价值链中的整体风险，核心企业和节点企业在进行利益合理分配的同时，也在进行着风险的共同分担。

产业价值链企业间的利益分配是一个非常复杂的问题，既要综合考虑收益、成本、风险的关系，还要考虑合作过程中诸如专利权、技术诀窍、商标、品牌等无形资产的分配。常用的利益分配方法有平均分配法、投入资源比例分配法、承

担风险和投资额之比分配法和协商谈判法四种。用简单的平均分配法平均分配利润，简单易行，表面上公平，实际上是既不科学也不合理。只按企业投入资源的比例分配，保证了投入与收益对等的原则，但却没有考虑风险的存在，更没有考虑活化因素对产业链的贡献。按承担风险和投资额分配，体现了风险、投入与收益对等的原则，但对合作过程中风险类型及其风险度的评价却是一个非常困难的工作，有时甚至根本就无法确定。实际上最实用也是最科学的方法就是由利益各方协商谈判，在谈判中双方（或多方）可充分考虑各种因素、各种条件，进行反复沟通、协商，最终确定一个所有谈判方都能接受的分配方案。

四、体育用品产业价值链的竞争谈判机制

竞争机制是市场经济社会最基本的运行机制，市场经济社会内部各种要素之间的内在关联，市场中的供求变化、价格涨落都是通过竞争机制实现的。经济主体的利益划分和社会分工既是市场竞争机制的发生条件，也是市场经济体制驱动力的源泉。

对产业价值链而言，竞争是产业价值链获得竞争优势的重要来源。竞争对手的存在，迫使企业不断降低成本，改进产品及服务，追赶技术变革的浪潮。竞争对手就在眼前，企业永远也不能自满自足，必须在竞争中获取竞争优势，在竞争中生存，在竞争中实现价值最大化。产业价值链是核心企业与节点企业组成的中间组织，这种组织是随着外部市场环境的变化而发展变化的。产业价值链中的节点企业也不断地通过"优胜劣汰"的选择机制进行更新发展。当产业价值链内某节点企业的聚集程度较大，即同一产品有众多的提供者时，这些企业必然要进行激烈的竞争。这种竞争优化了产业链资源配置，提高了产业价值链的经济效益，降低了产业链的成本，增强了产业价值链的核心竞争力。产业价值链中的研发、生产、销售等各个环节均可在适当的时机引入竞争机制，产业价值链中中间产品的价格也是在竞争机制的条件下通过谈判达成一致的，并且这个谈判是一个动态的、反复的多回合讨价还价过程。

五、体育用品产业价值链的监督激励机制

产业价值链为合作伙伴提供了一个双赢或多赢的机会,但合作伙伴的负面影响也是不可忽视的。企业之所以进入产业链,最根本目的是获取产业链剩余利润,实现自身价值最大化。因而各合作伙伴都会从自身利益出发,利用信息优势而采取一些违背产业链整体利益或者其他成员企业利益的行为,或者没有采取核心企业或其他成员企业所希望的行动,从而出现"偷懒"现象和"搭便车"现象。在产业价值链上,"偷懒"现象是信息不对称条件下出现的道德风险和逆向选择问题,为了克服道德风险和逆向选择带来的危害,委托—代理理论普遍发展了以合作和分担风险概念为中心的信息激励机制理论。在新制度经济学中,"搭便车"指某些人或某些组织,不付出任何代价,从他人处或社会获得收益的经济现象(卢现祥,2003)。

在产业价值链治理中,监督和公共设施是公共产品,如果一位节点企业的监督和公共设施投入引起产业链绩效的改善,所有的节点企业就都能受益。由于监督和公共设施建设是需要付出代价的,所以每个节点企业都希望其他节点企业进行监督和投资公共设施建设,而自己坐享其成,这就是节点企业之间的"搭便车"行为(于洪波,2006)。产业价值链的监督激励机制就是对产业链形成及运行过程中的每一个环节都进行监控和激励,以防止"偷懒"和"搭便车"现象等各种不道德行为的发生。

对于委托人来讲,只有使代理人行动效用最大化,才能使其自身利益最大化。然而,要使代理人采取效用最大化行动,必须对代理人的工作进行有效的激励。因此,委托人与代理人,即制造商与供应商或制造商与经销商之间的利益协调关系就转化为信息激励机制的设计问题。所以说,如何科学设计产业链上各个节点企业的激励机制,对保证产业价值链的整体利益是十分重要的。

第五章

体育用品本土品牌创建机理及路径

创建体育用品本土品牌至关重要，但如何创建体育用品品牌？狭义的品牌创建是指，选择品牌元素结合品牌的属性、利益、文化进行的设计；而广义的品牌创建则是指，不仅包括上述部分，而且还有设计营销方案以及品牌形象的传播。本节将在总结相关研究的基础之上，深入研究体育用品品牌的结构以及构成要素，并讲述体育用品品牌的创建路径和机理。

第一节 创建体育用品本土品牌的机理

一、创建强势品牌

莱瑞·莱特曾经说过："拥有市场比拥有工厂更重要，而拥有市场的唯一办法是拥有占市场主导地位的品牌。"现代技术力量弱化了为满足这一需求而生产的产品进行性能上区分的重要性，高质量、低成本的竞争空间变得狭窄，品牌竞争则为企业提供了更广阔的竞争空间。市场已进入品牌竞争的时代，品牌在现代市场营销和竞争中发挥着越来越重要的作用。因此，品牌的创建在今天显得尤为重要。

我国体育用品本土品牌建设

(一) 创建强势品牌的作用

1. 强势品牌代表品牌形象

如果说,品牌在最初仅是区别功能的话,那今天,品牌已经超越了区别的功能,更多地体现了企业和产品的形象、企业的文化内涵等特征。品牌代表着企业产品的质量、信誉和服务等,标志着企业及产品在消费者心中的良好形象,企业与消费者建立了一种信任的关系,体现了企业的综合素质。当一个强势品牌建立起来之后,企业及其产品会在消费者心中有一个持久的好形象,品牌可以为产品的延伸提供有力的支持。

2. 强势品牌为产品价格保证

科学技术的进步和生产力水平的提高,使供过于求成为了历史。现代商业中,同质化的商品必须面对残酷而激烈的市场竞争,如价格战。品牌不仅给消费者带来了功能性利益,更重要的是品牌能够带来正性和体验性利益。正是凭借于后者,企业与消费者建立了忠诚和联系的纽带,消费者才愿意为品牌提供庇护。

3. 强势品牌为产品提供差异化优势

在如今竞争激烈的市场环境中,竞争者要在市场中突出自己产品的优势,都通过各种方式强化品牌个性,提供产品更高的附加值特别是精神和情感上的附加值,来体现产品的独特性差异。

4. 强势品牌帮助品牌渡过危机

一个企业的经营过程始终伴随着不断出现的问题,有些问题对企业的影响非常大,如果没有解决好,对企业是致命的损伤。在危机的处理中,品牌起到不可替代的作用。当然,强势品牌的作用意义还远不止这些,还有扩大市场占有率,给企业融资优势,还有助于企业吸引到更多更优秀的人才等。综上所述,打造强势品牌既是一个企业形象与企业产品重新塑造的过程,也是一个将企业的核心竞争力不断向外界释放与推广的过程。

（二）创建强势品牌的原则

1. 以顾客为中心

顾客通过体验和了解品牌使企业获得品牌资产上的收益。企业固然需要竭力设计和实施营销方案建立品牌资产，但是品牌资产的最终决定权还是在顾客手中，因此品牌的创建应以顾客为中心。那些强势品牌都是顾客对其强烈依附，充满向往和信念并主动传播口碑的品牌。

2. 品牌创建无捷径

强势品牌的创建是一个长期过程，过程中存在着一些必须经历的路径，如品牌认知和品牌共鸣。品牌创建无法直接跳过一个阶段直接到达另一个阶段，因此，企业应该充分考虑到每一个阶段的任务。

3. 准确定位和独特的品牌文化

品牌必须在定位上就界定清楚品牌联想的问题，既能让消费群体产生共鸣，也能保持个性自我品牌的特征。品牌文化就是指通过建立一种清晰的品牌定位，在品牌定位的基础上，利用各种内外部传播途径形成受众对品牌在精神上的高度认同，从而形成一种文化氛围，通过这种文化氛围形成很强的客户忠诚度。达到物质与精神高度合一的境界是这种忠诚度的具体体现，在向消费者提供消费产品或服务的同时，帮助消费者实现他们的梦想是品牌文化的魅力。国内运动品牌不能停留在简单追求时尚塑造的低级层面上，应该考虑将品牌起源、发展历程等内部因素与世界文化、本土传统、运动元素等外部因素有机结合起来，通过向消费者展示自己独特的文化价值，成功完成心理暗示，只有这样才能在体育品牌竞争日趋激烈之际长久地屹立着。

4. 品牌核心价值和品牌共鸣

要想使消费者对品牌产生共鸣，首先应该使消费者接受品牌的价值观。只有这个品牌能够确实被认为代表了某种事物之后，才能说一个真正的品牌树立起来了。在企业发展和壮大的过程中,往往会遇到企业的发展速度过快和企业的管理滞后的矛盾。面对战略转型,很多企业难以把握方向,容易简单粗暴地把原有的东西和根基全部推翻,重新来过。应该指出,一个左右摇摆的品牌核心价值是无法建立品牌共鸣的,更无法长久吸引消费者购买产品。

二、创建强势体育用品品牌的机理分析

强势体育用品品牌是企业经营资产的重要组成部分,在品牌共鸣模型的指导下,创建强势体育用品品牌的机理需要经历品牌认知、品牌联想、品牌响应、品牌共鸣四个层级。创建强势体育用品品牌的四个层级构成了一个阶梯,只有经过品牌认知,才能实现品牌的联想,才会有品牌响应,最终才会形成品牌共鸣。在体育用品强势品牌创建的四个层级中,要经历六个阶段,即要经过显著度、功效、形象、判断、感受,最后到共鸣这六个阶段。体育用品品牌创建机理具体见图5-1。体育用品品牌创建的一个步骤对应着金字塔的一层,也对应着实现品牌建设要素的一部分,实现深厚广泛的品牌认知对应着品牌显著度;品牌差异和共同的联想对应着品牌功效和形象;获得顾客积极反应的响应对应着品牌的判断和感受;最终都是为了达到品牌忠诚、品牌共鸣的目的。

(一) 体育用品的品牌认知构建

品牌认知是衡量消费者对品牌内涵及价值的理解度的标准,是品牌资产的重要组成部分。品牌认知是通过消费者有能力确定品牌的优势所在,并出现在消费者的记忆中。体育用品品牌认知的建立,起初需要通过广告、赛事赞助等的宣传,增加品牌的熟悉程度来创建品牌认知;然后通过将体育用品品牌与运动、健康等其他相关的信息有效地联系起来,进而提升品牌的回想率。消费者通过看、听、想对品牌了解得越多,品牌在记忆中存在得越牢固。体育用品品牌的认知建设可以有效地实现品牌建设要素中品牌美誉度、知名度、品质认知等。

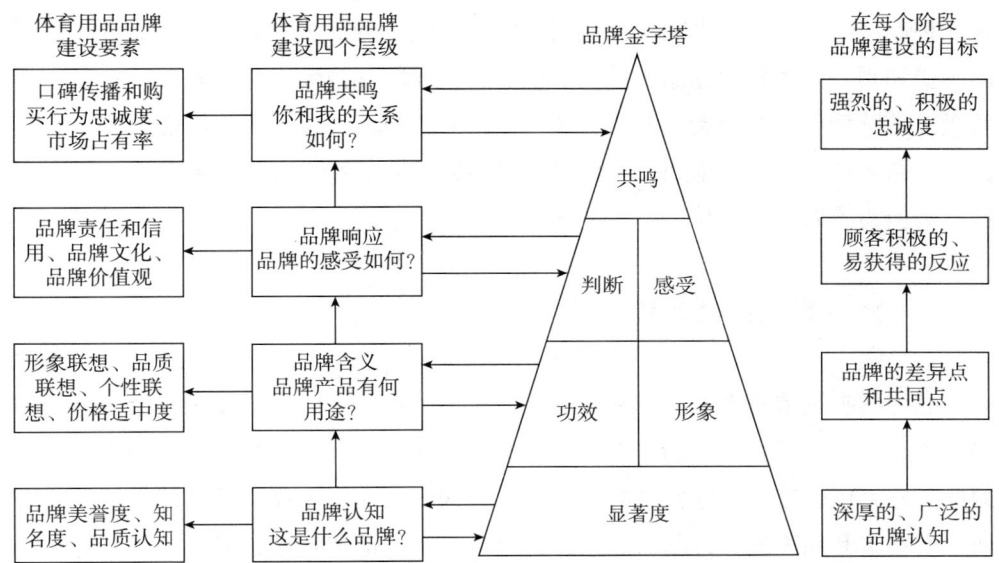

图 5-1 强势体育用品品牌创建机理模型

（二）体育用品的品牌含义构建

一个积极的品牌形象是通过将强有力的、偏好的、独特的联想与消费者记忆中的品牌联系起来的营销活动建立的。品牌含义可以是品牌属性，也可以是品牌利益。如果一个顾客能够仔细考虑品牌信息并把这些信息主动联系到现有的产品知识上，说明该品牌联想是正相关的。品牌联想的强度、偏好性和特殊性是品牌含义的重要指标，其中品牌联想的强度是影响品牌认知的重要因素。强势体育用品品牌的含义，应该满足顾客的体育运动需求，兼备可靠性、运动性、安全性等；也应该满足购买和顾客进行体育运动的形象，树立品牌个性和价值。

（三）体育用品的品牌响应构建

品牌响应是指消费者在情感上对品牌的印象和感觉。不同的品牌对同一个消费者会产生不同的响应，同一个品牌对不同的消费者响应也不尽相同，最关键的

我国体育用品本土品牌建设

是此种反应的积极性有多大。体育用品的品牌响应需要企业去塑造消费者对品牌的感受和判断。体育用品品牌感受与该品牌激发的社会流行趋势有关，强势品牌所激发的感情可以在消费者购买或使用该产品时强烈地体现出来。强势体育用品品牌判断是消费者针对使用体育用品舒适度、设计和外观、运动安全性、专业性、吸引力等做出高评估。

（四）体育用品的品牌共鸣构建

品牌共鸣是消费者与品牌建立的最终极的关系，它体现了顾客感受与品牌同步的程度，反映了品牌与消费者之间完全和谐的关系。品牌共鸣可以分成行为忠诚度、态度依附度、社区归属感和主动介入四个方面。体育用品品牌的共鸣需要建立消费者和品牌的一种紧密联系，通过与品牌的情感互动，消费者会感觉到该品牌能够反映自己的情感，并且可以通过该品牌为媒介与其他人进行交流，如向一起运动的伙伴推荐产品。因此，体育用品品牌通过品牌共鸣以实现口碑传播忠诚、购买行为忠诚和较高市场占有率。

第二节　选择品牌元素创建体育用品本土品牌

一、品牌元素概述

（一）品牌元素的含义和内容

品牌元素有时也被称为品牌特征，指的是那些用以识别和区分品牌的商标设计。主要的品牌元素有品牌名称、URL、品牌标识和符号、品牌口号、品牌音乐、形象代表和品牌包装。

1. 品牌名称

子曰：名不正则言不顺，言不顺则事不成。品牌名称作为一个基本的元素可能是品牌元素中最核心的内容了，因为品牌与产品紧密相连，品牌是了解品牌最直接的内容，可以引发消费者最初的联想。例如，耐克（Nike）、阿迪达斯（Adidas）、李宁（Li-Ning）、361°。选择一个品牌名称也是一门深厚的学问。根据朗涛设计顾问公司专家的意见，品牌名称有以下几种类型：描述型、暗示型、复合型、古典型、随意型、新颖型。为了得到一个理想的品牌仅仅知道品牌的类型还是不够的，还要按步骤命名品牌。Keller（2003）、Douglass（1997）等都对品牌命名步骤进行了总结，如图5-2所示。

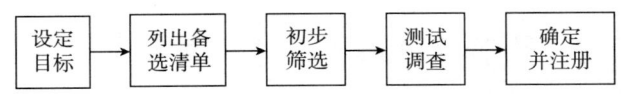

图5-2 品牌命名步骤

2. URL

URL（统一资源定位器）是对可以从互联网上得到的对资源的位置和访问方法一种简洁表示，是互联网上标准资源的地址，通常被称为域名。互联网上每个文件都有一个唯一的URL，它包含的信息是指出文件的位置以及浏览器应该怎么处理它。公司不仅需要在现实环境中有个地址，同时也需要在互联网空间寻得一席之地。

3. 品牌标识和符号

虽然品牌名称是品牌元素中的核心内容，但是品牌标识和符号同样重要，强烈的线条和色彩在辅助品牌名称尤其是建立品牌认知时同样起到了关键的作用。例如李宁体育用品标志整体设计由汉语拼音"LI"和"NING"的第一个大写字母"L"和"N"变形，主色调为红色，造型生动、细腻、美观，富于动感和现代意味，充分体现了体育品牌所应蕴含的动感活力和突破精神。

4. 品牌口号

品牌口号是用来传递有关品牌信息的语句。品牌口号伴随着品牌出现，可以增强品牌的联想效应，起到介绍和解释品牌的作用。"今年过节不收礼，收礼只收脑白金"。这则广告语在2002年被评为十大最恶俗的广告语之一，其叫卖式的广告诉求让无数人为之错愕，但这丝毫也挡不住脑白金势如破竹的销售量，这则口号已经成为中国老百姓的一句口头禅，可见品牌口号对品牌的创建有多大的影响。

随着时代进步，消费者口味变化或者是企业规模扩张，品牌口号也要进行同步更新，提高消费者对品牌的认可度。例如体育用品品牌李宁，从"一切皆有可能"更改为"Make The Change"（让改变发生）。

5. 品牌音乐

品牌音乐是指可以传递品牌产品内涵的音乐。通常使用声音来增加消费者接触品牌的频率，调动消费者对品牌的情感认知，并以此感染消费者。一首著名的品牌音乐能起到至关重要的作用，例如Intel的品牌音乐：这五个音是奥地利作曲家Walter Werzowa 1994年创作的，据说每五分钟这五个音在地球上就被播放一次。英特尔的产品广告音效能传达品牌的可靠性、创新，给人一种可信任的感觉。

6. 形象代表

品牌形象能够帮助企业向消费者传递品牌的属性、利益、价值等特征。品牌形象往往生动形象，充满个性，能帮助企业更好地创建品牌。品牌的形象通常是人或者物。例如，腾讯公司的企鹅形象，米其林的轮胎人，百度的百度熊形象，迪士尼的米老鼠形象等。这些都是设计师设计出来的拟人化的卡通形象。还有一种就是请名人代言，这类品牌形象主要是影视明星或者体育明星。名人通常都有很多粉丝，带有名人效应，一旦品牌和名人挂钩，那么消费者会将名人身上带有的品质自然而然地转移到品牌上，产生爱屋及乌的效果。

7. 品牌包装

"人靠衣装，佛靠金装"。消费者第一眼看到产品就是品牌的包装，品牌包装的外观直接会影响到消费者的购买决策,这也是营销人员将之称为营销最后五秒的原因所在。包装到底有什么优点呢?简单来说,包装可以搭配一些符合品牌和产品的色彩图案,增强品牌包装的视觉冲击力,个性化十足,与品牌文化相互映衬更能唤起消费者的认同。体育用品应该特别注重用品的包装,最大限度地把产品展示给消费者。例如,可口可乐的颜色就是红色包装,与其宣扬的年轻活力相得益彰,使消费者自然而然地就联想到可口可乐传递给消费者的价值理念。另外,牛奶的包装基本都是以白色为底色,给消费者一种健康、天然无污染的感受。

(二)品牌元素的选择标准

品牌元素的选择标准有:记忆性、意义性、独特性、延续性、关联性、保护性。

1. 记忆性

创建体育用品品牌的一个必要条件就是获得品牌认知。简单易懂的品牌元素可以帮助体育用品获得品牌认知,易于回想的品牌元素增加产品在消费场合被回忆或者识别的机会,增强消费者的记忆性。

2. 意义性

意义是指体育用品品牌能给消费者以联想的信息多少,一个容易联想到越多内容的品牌意义性就越高。品牌元素可以覆盖很多种意义,包括描述性的、说服性的、暗示性的等。例如安踏品牌的广告口号就是"永不止步"(keep moving),属于描述性意义。

3. 独特性

品牌应该突出个性、与众不同。体育用品品牌元素的选择应该注重独特性原则,只有独特才有利于品牌在繁杂的体育用品品牌中脱颖而出,才能满足消费者追求新奇、厌倦重复的心理。例如,国际体育用品品牌耐克的图案是个小钩子,造型简洁有力,急如闪电,一看就让人想到使用耐克体育用品所产生的速度和爆发力，深受消费者喜爱。

4. 延续性

在日益变化的动态环境中，品牌应该保持延续性。延续性包括品牌的转换性和品牌的适应性。

（1）转换性是指品牌元素对产品线和品类延伸能起多大作用？一般来说，品牌名称的含义越是广泛，那么品类之间的转换就越是容易。例如，361°本义是在360度同角的基础上再加上一度，作为体育用品品牌，其品牌口号是多一度热爱。所以这个品牌能适用于很多产品大类。然而，特步不具有这种灵活的转换性了。

（2）适应性是指当从一个领域延伸到另外一个领域，或者在国际化的过程中，该体育用品品牌能够很快适应新的环境。因此，品牌元素的选择一定要考虑到不同国家和地区的文化传统和风俗习惯，以保证品牌能够在当地扎下根来。例如，宝洁（Procter & Gamble）是作为国际日化品品牌，中文翻译宝洁让消费者立刻联想到其产品除菌清洁的形象。

5. 关联性

体育用品品牌元素的选择一定要能够反映产品的属性信息。消费者一看到该品牌就知道这是提供体育用品的。例如，可口可乐不禁让人联想到这是一个饮品品牌，更能表达出一种可口香甜、幸福快乐的特点。如果品牌和企业提供的产品毫无关联，那么品牌提供给消费者的联想是毫无意义的。

6. 保护性

品牌的保护性是从法律和竞争两个角度来讲的，品牌一旦创建完成之后就需要在相关政府部门注册以保证企业对其的所有权，避免竞争对手盗用或者模仿。另外与品牌元素相似的内容也需要登记注册。例如，中国社交网站开心网成立于2008年，而kaixin.com早在2000年就被一个美国人注册，开心网因无力花巨资购买kaixin.com域名，另外注册了kaixin001.com。后来千橡互联公司购得kaixin.com并开始山寨开心网。

（三）体育用品品牌元素的选择

在确定了品牌元素的选择标准之后，需要选择品牌元素来创建体育用品品牌，那么创建体育用品品牌该如何选择品牌元素呢？或者说到底选择哪些品牌元素来创建体育用品品牌？作为商品的体育用品在具有商品的一般特征的同时，又具有其一定的特殊性。其一，体育用品是专业性较强的商品，它与体育、运动密切联系，是体育运动、健身、体育休闲娱乐、体育教学的基本物质条件；其二，体育用品在商品中属于生活消费资料，但又不是生活必需用品，它是人们在满足基本生存、生活的基础上，追求健康、文明生活方式的消费品，属于发展、享受型的生活消费资料用品。因为体育用品的特殊性，所以在创建体育用品品牌时需要考虑以下品牌元素来创建体育用品品牌。

1. 选择品牌名称

品牌名称是名牌的第一张名片，它能通过文字符号第一时间向消费者传达品牌的信息，留下第一印象。索尼创始人盛田绍夫曾说过："取一个响亮的名字，以便引起消费者的美好联想，提高产品知名度和竞争力。"体育用品企业在创建品牌的过程中必须选择一个理想的品牌名称，保证品牌名称的独特性和记忆性，消费者在二次品牌识别中能够很快回忆起品牌。

2. 选择品牌标识

贾英（2009）认为，名称和标志是品牌的物质载体和直观表现形式，成功企业都十分重视品牌名称和标志的设计，借助新颖别致、个性鲜明的品牌标志来激发消费者的情感和购买欲望，增强企业和产品的竞争力。品牌标识就好比面部的象征，从一个标志设计展示了品牌的故事①。品牌标识表示出的形象必须是美好的，这样才能令消费者接受和喜爱。体育用品企业应该注重品牌标识中包含的设计元素、设计风格，推陈出新，以及独特性，标志设计要以一个点作为中心去设计，这样可以加强标志设计的记忆性，强调更强的观念。

---

① 贾英. 基于符号学理论的旅游景区品牌塑造研究［D］. 陕西师范大学博士学位论文，2009.

我国体育用品本土品牌建设

3. 选择品牌口号

品牌口号可以突出自身的特色或竞争优势，突出品牌的功能和给消费者带来的利益，具有较强的情感色彩、赞誉性和感召力，目的是刺激消费者，同时还可以对商品名称起到解释作用。品牌口号对体育用品品牌非常重要，从 Nike 的品牌口号 "Just do it" 和 Adidas 的品牌口号 "Impossible is nothing" 中可见一斑。

4. 选择形象代表

邀请名人代言体育用品不仅是打开市场的最快捷方式，而且也是一个新品牌迅速增长，一个成熟的品牌建立领导的常规武器。利用品牌代言人进行营销推广活动，可以帮助品牌迅速提高知名度，创造品牌形象的差异化，引发品牌联想，获取并建立高度的品牌忠诚，使企业在竞争中获得优势。

5. 选择包装

体育用品品牌的包装包括店面形象、橱窗、产品陈列、区域的划分、营业员的服装、价格牌、POP 等，企业可以设计精美、统一的包装来增加品牌美誉度。

二、利用品牌元素创建体育用品本土品牌

经前述研究得出，体育用品品牌建设要素体系由体育用品品牌知名度、品牌联想、品质认知、品牌美誉度和品牌忠诚度五大类别构成。因此，我们从品牌建设要素指标体系来分析创建体育用品品牌建设，探索品牌各个元素对创建品牌资产的作用。

（一）选择品牌元素提高品牌知名度

体育用品品牌名称可以增加消费者对品牌的知名度，例如，李宁体育品牌以李宁的名字来命名，李宁两个字易读、易懂，看过很容易在消费者心目中留下深刻印象，另外李宁是一代体育王子，曾替国家拿过多项金牌，在国内享有很高的

知名度，当李宁用于体育品牌时，李宁的个人声望就转嫁到李宁体育品牌上，直接提高了李宁的品牌知名度。不仅品牌名称可以提高品牌的知名度，选用与品牌形象相符合的代言人也可以提高品牌的知名度和美誉度。另外因为体育用品跟体育明星的关联性很大，因此体育用品品牌最适合使用名人代言，尤其是体育明星，中外许多体育用品均聘请代言人为其品牌代言。

（二）选择品牌元素提升品牌美誉度

品牌的美誉度是指消费者对品牌的品质认知和喜好程度，是企业创建品牌需要考虑的重要因素。对企业来说，品牌只有具有美誉度，品牌资产才有正向价值。体育用品企业可以通过邀请名人代言，设计精美的包装，履行社会责任等方式来提升品牌美誉度。例如，361°积极参与公益事业，不仅每年在"教育助学""关爱儿童""家园重建""致力环保"中不遗余力地支持公益事业、履行社会责任（如在 2008 年中国四川省的"汶川大地震"，2010 年甘肃青海玉树地震，2013 年四川雅安地震中，361°都在第一时间向灾区伸出援手）。近年来先后捐出的款物近亿元。同时 361°还不断探索可持续的公益模式，2013 年，361°联合中扶贫基金会、中国最大的电子商务网站"天猫"，成立了"One Cares One"商业公益项目，即消费者每购买一双 361°公益专款鞋，贫困地区的孩子就会得到一双以消费者的名义为其捐款的 361°童鞋。所捐赠的物资是由 361°为缺鞋儿童量身定制、生产，真正实现按需捐赠，一对一"实名制公益""透明化公益"，2016年，买一善一已经帮助了 142223 名贫困山区的孩子穿上新鞋。

（三）选择品牌元素加强品牌联想

品牌联想是消费者每当看到或听到某些特定品牌时，脑海中会本能地出现一些对该品牌或者产品的印象，包括态度、评价、定位等，通常是象征性和抽象性的。鹿晓莉（2013）认为，体育用品比较偏向于精神层面，即消费者购买体育用品，消费的不仅仅是商品本身，更重要的是享受该商品的品牌所传达的品牌精神①。所以体育用品品牌的目标是传递给消费者企业的文化和形象。设计并选择一个符合体育用品品牌的品牌广告语和广告曲能帮助品牌定位,给体育用品品牌联想建设提供众多的素材和资料。不仅能使消费者对体育用品的品质和质量安全产生正向的联想,而且也能使消费者对生产该品牌产品的企业责任和信用以及个性等方面产生正向的联想。一切皆有可能(李宁);永不止步(安踏);多一度热爱(361°);I can play(匹克),每个体育品牌的广告语都不一样,都有自己本身的特色,代表着不同的定位。同时,这些富有创意的品牌口号也给消费者无限的联想空间,为消费者对品牌形成品牌共鸣提供了坚实支持。

(四)选择品牌元素增加品牌质量与品质认知

品牌质量与品质认知是消费者对该品牌或者产品的整体感知,包括三个操作指标:质量标志认知、品牌个性认知和品牌形象认知。加强对品牌产品的市场推广和品牌个性形象的营销推广能有效提升消费者关于质量与品质方面的认知水平。在本土体育用品品牌中,安踏的研发投入最高,2005 年,安踏便率先成立了国内体育用品行业的第一家运动科学实验室,致力于运动科学的研究。据安踏相关负责人介绍:"成立运动科学实验室是安踏自身发展的需求,也是安踏科技创新、产品创新的具体实践。十年来,安踏运动科学实验室每年的投入都占年销售总成本的 4%,不仅被评定为行业中唯一一家'国家级企业技术中心',同时还自主研发 60 多项国家级专利技术。"仅 2015 年上半年研发投入就占销售成本的 5.2%,接近国际顶尖品牌水平。公司通过实验室研发出超过 60 项国家级专利技术,未来还将考虑在美国、日本及中国香港成立研发中心②。在具体方向上,安踏重点在跑鞋上加大投入,目前已拥有弹力胶、柔软柱、易弯折、能量环等 19 项顶尖跑步科技,先后推出能量环科技跑鞋系列、呼吸网科技跑鞋系列以及全新的专业功能跑鞋 Challenge 100 等产品。安踏还与富士康联手发布了智能跑鞋,并推出了安踏跑步 APP,针对不同跑姿给出针对性的智能调整建议,让跑者改变错误的跑步习惯,改善跑步姿势,旨在为跑步者提供更专业、更智能的跑步

---

① 鹿晓莉.李宁品牌对中国体育用品品牌创建的启示[D].上海外国语大学硕士学位论文,2014.
② 徐文.重视品牌质量为消费者保驾护航——安踏体育用品有限公司品牌发展之路[N].中国质量报,2012 – 03 – 19.

装备。

（五）选择品牌元素维持品牌忠诚

品牌忠诚指消费者对某一品牌具有特殊的嗜好，因而在不断购买此类产品时，仅仅是认品牌而放弃对其他品牌的尝试。品牌忠诚包括购买行为忠诚和口碑传播忠诚。名人效应是指其身上会体现着特殊的理念，它可以带动人群。体育用品企业应该邀请与品牌理念相符合的形象代表创建品牌忠诚度。以361°推出的品牌Innofashion为例，这个致力于为中国年轻人提供量身定制的时尚潮流服饰，建立了涵盖鞋、服、配的四季齐全商品系统，邀请国际设计开发团队，研发新材质、新版型，增加了衬衫、牛仔裤等充满时装设计风格的品类款型，并且聘请了奥运游泳冠军孙杨、新生代歌手吉克隽逸及台湾歌手萧敬腾作为代言人，希望以此获得年轻人的市场。经过三年多的发展，该品牌的确获得了年轻群体的认同，它在中国休闲时尚行业里异军突起。

三、相关注意事项

品牌是鲜活的、能抓住人心的，就像一个活生生的人，让顾客一看到就觉得值得信任，放心购买和使用。好的品牌效应是让顾客在成千上万的同类产品或服务中能一眼辨认出，进而义无反顾地选择购买。在创建品牌时，选择恰当的品牌元素可以创建理想的体育用品品牌，但是不当操作也会导致品牌受损，因此在选择品牌元素时需要注意一些问题。

（一）选择品牌元素要保持品牌形象的稳定性

2010年，李宁做了一件大事：换标。同时，其广告语也由"一切皆有可能"换成"Make the change"。所谓牵一发而动全身，虽然从战略层面上讲，李宁换标的理念很成功，与时俱进，但是其新标识生硬的形象也得罪了不少李宁忠实的老客户。一方面，在2006～2007年，李宁品牌针对其客户年龄结构专门做了一份调查,发现年龄在 35~40 岁的人群超过了一半,这说明李宁品牌的影响力主要集中在□老年阶段,而运动精神主要是年轻活力,如果继续下去必将导致李宁品牌的"老化"①。因此,李宁决定进入年轻人群市场,为此需要重塑品牌形象,李宁将其受众目标瞄准"90 后",并在换标的同时提出了 90 后的李宁。这是其战略的成功。但另一方面,单纯从标志设计的角度来看,李宁换标很失败,从美学的角度看,整个标志失去了原来的飘逸、圆润,视觉冲击力远远不及原来,而且致命的是,新 Logo 的 L 分成了两部分,这在整体性和终端运用上都不是很理想。

(二) 选择品牌元素时要注意品牌的可保护性

提起乔丹,很多人都能想到美国篮球明星迈克尔·乔丹,当然,还会联想到有个运动品牌也叫乔丹。2016 年 12 月 8 日上午,长达数年之久的"土洋乔丹"商标争议案日前迎来最高人民法院的判决:"乔丹"商标的注册损害了前 NBA 球星迈克尔·乔丹对"乔丹"享有的在先姓名权,违反商标法规定,应予撤销。迈克尔·乔丹对中文"乔丹"享有姓名权,对拼音"QIAODAN""qiaodan"不享有姓名权。作为民族体育用品企业的乔丹体育,为多年来借用"乔丹"之名付出的代价不仅仅是形象受损、IPO 受阻,公司甚至可能被要求全面清除"乔丹"印记。

(三) 选择品牌元素时要注意品牌的独特性和差异化

塑造品牌就是制造独特性和差异化,极大的差异化和独特性就是品牌的本质属性。因此,在选择品牌元素时,也要注意体现该品牌的独特性和差异化。一旦品牌在消费者心目中的某一个方面牢牢占据了位置,那么当消费者对这方面有需求时就会立刻联想到该品牌。斐乐是一个具有意大利血统的品牌,在体育领域的曝光机会并不多,但有一项运动除外,那就是网球。早在 1973 年,瑞典网球名宿比约恩·博格就成为了斐乐代言人。那个年代正是博格所向披靡的时期,6 个

---

① 郝乐. 李宁体育用品品牌换标背后的战略思考 [J]. 体育研究与教育, 2011, 26 (4): 13-16.

法网冠军和5个温网冠军,斐乐和博格一起名满天下。从那以后,网球就成了斐乐品牌营销中最为重要的主题,一直持续到现在。在不同的历史阶段,众多网球明星都曾与斐乐一道登上职业生涯巅峰,很多人都是网坛响当当的人物。伊凡·古拉冈、麦肯罗、鲍里斯·贝克尔、塞莱斯、卡普里亚蒂、克里斯特尔斯、库兹涅佐娃这些名将都曾身披斐乐战袍捧起过大满贯冠军奖杯,这是斐乐非常值得骄傲的历史。现在,网球资源的争夺十分激烈,大品牌依然霸占着大多数的顶级资源。不过斐乐从来没有放弃网球市场。近年来,同样在网球第二阵营相对活跃的李宁开始战略调整,已经逐渐退出了网球市场。而斐乐则适时地抓住机会,网罗了一些李宁留下来的遗产。斐乐与网球紧紧联系在一起,现在,只要有人提到网球,消费者第一个联想到的就是斐乐。

第三节 设计营销方案创建体育用品本土品牌

在本节中,笔者将讨论如何设计营销方案来创建体育用品品牌,即通过企业内外环境分析,细分并选择目标市场,进行精准的市场定位,然后设计各类有效的营销方案,提高品牌的知名度、品牌联想、质量与品质认知、品牌美誉度以及品牌忠诚,提高体育用品本土的品牌资产。

一、营销方案设计概述

(一)营销方案概述

营销方案是指在市场销售和服务之前,为使销售达到预期目标而进行的各种销售促进活动的整体性策划。营销策划是针对某一客户开发和某一产品营销而制作的规划,企业可以通过设计营销方案来创建品牌资产。一份完整的营销方案应至少包括三方面的主题分析,即基本问题、项目市场及优劣势。

（二）设计营销方案

在设计营销方案之前首先需要确定营销主题，即营销方案所要达到的目标。根据不同的营销策划对象拟定各自所应围绕的主题。营销策划主题是整个营销策划的基石和内核，是营销策划的基本准绳。

营销主题确定之后就可以按以下步骤设计营销方案：

1. 环境分析

环境分析包括内部环境分析和外部环境分析。内部环境分析是指企业本身拥有的资源，包括人员、资金、设备等，分析的工具通常是 SWOT 分析法。而外部环境又分为微观环境分析和宏观环境分析，其中微观环境要素，即指与企业紧密相连，直接影响其营销能力的各种参与者，这些参与者包括企业的供应商、中间商、顾客、竞争者以及社会公众；宏观环境即影响企业微观环境的巨大社会力量，包括人口、经济、政治、法律、科学技术、社会文化及自然地理等多方面的因素。微观环境直接影响和制约企业的市场营销活动，而宏观环境主要以微观营销环境为媒介，间接影响和制约企业的市场营销活动。前者可称为直接营销环境，后者可称为间接营销环境。

2. 制定 STP 战略

在分析整体环境之后需要圈定产品市场范围，选择企业的目标客户。根据 STP 理论，市场是一个综合体，是多层次、多元化的消费需求集合体，任何企业都无法满足所有的需求，企业应该根据不同需求、购买力等因素，把市场分为由相似需求构成的消费群，即若干子市场。这就是市场细分。企业可以根据自身战略和产品情况从子市场中选取有一定规模和发展前景，并且符合公司目标和公司能力的细分市场作为公司目标市场。随后，企业需要将产品定位在目标消费者所偏好的位置上，并通过一系列营销活动向目标消费者传达这一定位信息，让他们注意到品牌，并感知到这就是他们所需要的。

3. 制定市场营销组合策略

市场营销组合是指企业针对目标市场的需要，综合考虑环境、能力、竞争状况，对自己可控制的各种营销策略进行优化组合和综合运用，使之协调配合，扬长避短，发挥优势，以取得更好的经济效益和社会效益。市场营销策略主要包括产品策略、定价策略、渠道策略和促销策略，即4Ps。

（1）产品策略。产品本身对消费者的品牌体验、品牌的口碑效应及公司的品牌传播具有重大影响。换句话说，伟大的品牌中心一定是伟大的产品，设计并且提供能够完全满足消费者需求的产品或者服务，是创建成功品牌的前提。

（2）定价策略。价格是传统营销组合中产生收入的因素，溢价是创建强势品牌最重要的品牌资产。价格的目标包括维持生存、保持利润最大化、市场占有率最大化以及产品质量最优化。价格和质量存在着一定的联系，消费者可以根据价格对产品进行分类。例如高价对应高品质，低价对应高品质。常见的定价方法有成本加成定价法、需求导向定价法和竞争导向定价法。

（3）渠道策略。渠道是指产品从生产领域向消费领域转移过程中所经过的、由各中间环节连接而成的路径或通道。渠道的核心是递送顾客价值，可以直接影响其他营销策略。渠道可以促进商品流通，维护品牌资产。成功的渠道策略可以增加客户的购物体验，设计理想的渠道对品牌创建至关重要。

（4）促销策略。促销策略是市场营销组合的基本策略之一。促销策略是指企业如何通过人员推销、广告、公共关系和营业推广等各种促销方式，向消费者或用户传递产品信息，引起他们的注意和兴趣，激发他们的购买欲望和购买行为。

二、设计营销方案创建体育用品本土品牌

体育用品企业为了打造知名品牌，提升品牌资产，往往借助各种内外营销沟通资源和工具方式，设计各类有效的营销方案。

（一）设计"名人代言＋媒体广告"营销方案创建品牌

"名人代言＋媒体广告"的营销方案是快速提高体育用品品牌知名度的一个常用手段。首先企业需要邀请著名体育明星或者影视名人作为自己的形象代言

人，在邀请名人代言之后还需要在影响力广的媒体上做广告宣传，从而达到迅速扩大品牌知名度的效果。

1999年，成立9年之后的安踏做出一个大胆的决定，采用"明星运动员代言+CCTV"的营销手法，聘请了乒乓球世界冠军孔令辉作为品牌代言人。当时，安踏一年的销售收入为3000万元，有400万元利润，安踏花费80万元签下孔令辉代言，这在当时被视为天价。但签下孔令辉之后，安踏销售量并没有明显的变化，原因在于消费者不知道安踏签约了孔令辉。安踏董事局主席丁世忠遂决定要再花300万元上央视做广告打响知名度，在央视体育频道的黄金时段展开了大规模的"广告轰炸"。凭借着这则电视广告，安踏品牌在中国体育用品市场上崭露头角，"安踏+孔令辉"的组合深入人心。2000年，孔令辉在悉尼奥运会与瓦尔德内尔苦战五局，奋战到底，不仅夺得男单冠军，更实现大满贯。他在夺冠后喊出"我选择，我喜欢"的广告词后，安踏当年的销售额突破3亿元，是1997年的6倍，首次取得年度运动鞋市场综合占有率第一的成绩。安踏开创了中国独特的"明星+广告"模式，大获成功，品牌知名度迅速打开，销售额急剧增长，成为众多晋江品牌的效仿对象。

（二）利用"事件营销方案"创建品牌

事件营销是指企业通过策划、组织和利用具有新闻价值、社会影响以及名人效应的人物或事件，吸引媒体、社会团体和消费者的兴趣与关注，以求提高企业或产品的知名度、美誉度，树立良好品牌形象的手段和方式。

2016年，里约奥运会，安踏在运用营销传播工具上十分注重互动以及情感的共鸣。在奥运会期间，安踏和腾讯、新浪等互联网平台达成合作，围绕事件和话题制定媒体策略，扩大传播效果。在社交媒体上，安踏通过对热点事件的把控，围绕着"去打破"的奥运传播主题，创造了一个又一个热门话题。8月9日，当孙杨在200米自由泳夺冠，用成绩回应霍顿后，安踏官方微博发出的GIF动图和'胜利是最快的反击"的文字，一天后阅读量就达130多万；在10日的吕斌事件中，安踏贴出"拳头能解决的问题，请别用权力"，配以他流泪跪地亲吻拳击台的图片，当晚阅读量就达203万，图片点赞数为2万多个。当龙清泉时隔八年亘回巅峰时，安踏推出的GIF动图是在他展开的双臂上方分别写下"扛得住所有压力""才能接得住所有惊喜";邓薇打破了女子举重 63 公斤级的世界纪录,安踏的 GIF 动图则写道"分量在手上""纪录在脚下"。在此次营销中,安踏紧抓与消费者的相关度,跟观众、用户和消费者的兴奋点结合,力求符合年轻消费者的口味,引起网友的大量转发。

(三) 设计"赞助+战略合作"营销方案创建品牌

赞助营销是指企业通过资助某些公益性、慈善性、娱乐性、大众性、服务性的社会活动和文化活动来开展宣传,实现广告的目的,塑造企业形象和品牌。它包括两个方面:销售推广与公共关系。战略合作是出于长期共赢考虑,建立在共同利益基础上,实现深度的合作。与体育组织建立战略合作关系可以增加体育用品企业的知名度和美誉度。2009 年 6 月,安踏与中国奥委会达成战略合作协议,成为 2009~2012 年中国奥委会体育服装的合作伙伴,赞助中国体育团参加 2010 年温哥华冬奥会、2010 年广州亚运会以及 2012 年伦敦奥运会等 11 项重大国际赛事提供冠军装备。在 2016 年里约奥运会上,安踏作为中国奥委会合作伙伴,为所有参加本届奥运会的中国运动员提供领奖装备,即安踏龙服。除此之外,安踏一共赞助了五大运动管理中心 24 支国家队,其中有 10 支国家队参加了里约奥运会。

(四) 设计"奥运营销方案"创建品牌

奥林匹克运动会作为世界规模最大、影响力最广的综合性运动会,一向是各大体育用品企业争相合作的对象。体育用品企业一旦成为奥委会的合作伙伴或者各种形式的赞助商,不但可以大大提升其品牌的知名度和美誉度,而且能够在全世界范围内展现自己品牌的形象,提高目标消费者对其品牌的品质认知,还可以利用奥运会这一平台与其目标顾客开展多种形式的互动沟通。阿迪达斯曾是 2004 年雅典奥运会的官方供应商,为包括奥委会、志愿者、官员在内的所有奥运会工作组人员提供了超过 140 万件装备,同时也为 22 个国家的奥委会提供装备;2008 年北京奥运会阿迪达斯仍然是赞助商,提供包括志愿者、工作人员、技术官员以及火炬接力人员的运动装备。阿迪达斯在奥运会上的大量曝光和展示,不仅提升了美誉度,也进一步优化了受众对阿迪达斯品牌的品质认知,塑造了良好的品牌形象，提高了目标市场顾客对其品牌的忠诚度。2014年10月，国内本土体育品牌361°正式与里约奥组委签约，成为里约奥运会的官方供应商。本届奥运会、残奥会、测试赛的志愿者、技术人员以及火炬接力手均将身披361°服装。361°赞助奥运会可提升品牌知名度和美誉度，提升了受众对该品牌的质量与品质认知，加快海外布局，增量市场可增厚收入，且国际化和多样化的产品升级可提升在国内的竞争力。

（五）设计"全媒体营销方案"创建品牌

全媒体营销，是同时利用线上、线下整合营销，以提升品牌资产为导向，运用信息系统移动化，帮助品牌企业打造全方位渠道的立体营销网络，并根据市场大数据分析制定出一整套完善的多维度立体互动营销模式，从而实现大型品牌企业全面以营销效果为导向的立体营销网络。体育用品企业可以利用全媒体牢牢抓住消费者的眼球，给消费者留下一致的深刻的印象。2010年亚运会安踏充分利用中国网络电视台亚运大独家赛事平台，打造荣耀时刻大型的互动冠军专区，专区包括安踏代言人在内的所有运动员的夺冠历程，以一段段完整的视频在亚运大独家的时刻播出，持续凝聚网友关注的目光；利用最新互联网广告技术，在中国网络电视台权威全方位塑造安踏品牌形象；依托独有的样式电视新媒体整个营销模式，在亚运会期间为安踏协调到了央视1套、5套、7套、12套的赛事期间的黄金位置，为安踏打造植入式电视广告风暴；利用中国网络的新媒体优势，打造安踏的手机传播平台。安踏通过设计这样的全媒体营销方案，大大地提升了其品牌资产。

三、相关注意事项

宋昱（2013）认为，我国体育品牌在国际市场的占有率与国外知名品牌相去甚远，且常常扮演的是一个加工者的角色。本土体育用品企业大多都是从二、三线城市向上扩张的发展趋势，但其品牌定位却高于其实际发展阶段，营销策略的错位必定影响到消费者的满意度。与此同时，国外品牌又抢占了相当比例的中高端市场份额，对本土品牌造成冲击，导致其销量徘徊乃至下跌[①]。因此，本土体育用品企业在设计营销方案时必须首先注意以下几个问题。

(一) 设计营销方案要以企业的品牌规划为依据

体育用品企业设计的营销方案不是一个孤立的方案，应该与企业的整体营销战略规划保持一致，特别是要以企业的品牌规划战略为依据。否则，不但不会提升企业的品牌资产，还可能会对其品牌形成损害。耐克和阿迪达斯刚进入中国市场时，策划和设计的影响方案都与公司的整体品牌战略规划保持一致性。Nike 和 Adidas 进入中国市场，首先是以建立品牌为目标，在一线城市抢占一级市场，维持高档、高质、高价体育品牌的定位，围绕年青一代的消费人群，开展各种贴近消费者的活动，影响消费者的购买观念，建立消费者的品牌意识，之后开始向二线、三线城市拓展。而中国本土的体育用品品牌在设计营销方案时，常常是临时性的，经常与企业的整体品牌战略规划不相一致。

(二) 设计营销方案要与消费者的需求、互动相结合

体育用品市场作为一个竞争充分的市场，获得更多的忠诚消费者才是获得市场竞争优势的保证。因此，要给消费者创造并递送更多的顾客价值，就应该在设计营销方案时，考虑与目标消费者更多的互动，深入了解消费者的消费心理和行为，了解其核心需求，甚至要掌握消费者的生活方式和价值观念等。随着产品的同质化，要满足现代市场消费者的需求，竞争焦点自然落到品牌上，消费者也开始按照品牌而不是按照价格来做出购买决策。因此，设计营销方案要考虑是否能与消费者互动，是否针对消费者的核心需求，是否能够有效提升品牌与消费者的关系质量。

(三) 设计的营销方案要能展示品牌个性形象和彰显品牌文化

一个好的营销方案，不仅能提升品牌的知名度和美誉度，而且能有效展示该

---

① 宋昱. 我国本土体育用品品牌营销的问题与策略 [J]. 体育文化导刊, 2013 (11)：85 – 88.

品牌的品牌个性和形象;有效的营销方案还能彰显该品牌的文化和价值观。反之,品牌形象和品牌文化将会受到极大伤害。例如,有些企业在策划设计明星代言的营销方案时,就经常出现负面的影响,给所代言的企业品牌带来巨大的损失。例如,2016年11月初,体育明星林丹承认在9月时出轨,多年来建立的好男人形象瞬间崩塌,其所代言的李宁、361°体育品牌形象也同时遭到重创。

第四节　整合营销传播创建体育用品本土品牌

营销传播是营销策略组合中的最后一个也是最灵活的一个营销策略。营销传播的灵活性在于它有若干种不同的方式积累品牌资产,同时,品牌资产能够帮助营销人员觉得如何设计和执行不同的营销传播方案。因此,需要通过把握每个传播工具的特点,整合营销传播来创建体育用品品牌。

一、整合营销传播概述

营销传播实质上是一种沟通活动,通过出售企业的品牌,直接或间接告诉、说服并提醒消费者的手段。传播不是一种简单的工具,而是多种工具的组合。这些工具包括广告媒介、销售促进、人员销售、公共关系、直复和数字营销。整合营销传播需要企业仔细协调这些工具以传递关于组织以及品牌的清晰的、一致的和有利的信息。

(一)广告媒介

在竞争者众多或者广告市场比较混乱的情况下,品牌必须做大量的广告才能在纷乱中吸引足够的注意力,站稳脚跟。广告是指通过使用付费的媒体向消费者沟通企业或品牌的价值主张,已达到告知、劝说以及提醒的目的。广告按媒体划分主要分为两类,一是传统广告媒体,包括电视、广播、报纸和杂志等;二是新媒体，主要指网络媒体。

（二）销售促进

销售促进是指短期的激励活动，目的是鼓励对某一产品或者服务的购买或销售。针对不同的用户，促销手段是不一样的，常见的销售促进手段有消费者促销手段、交易促进手段以及产业促销手段。其中消费者促销手段又包括样品、折扣券、现金返还、实物奖品等；交易促进手段主要是针对零售商和批发商；产业促销手段包括产业会议和展销以及销售竞赛。设计理想的促销方案既可以增加销量也可以帮助企业创建品牌知名度。

（三）人员销售

人员销售是营销传播中，通过人际关系互动进行促销的方式。在复杂的竞争环境中，人员销售要比广告更有效果。一般企业的人员销售有两种：一种是企业内部，主要通过电话、互联网、社交媒体互动或者接待来访的潜在客户等方式来开展业务；另一种是在企业外部，外部销售人员通过外出拜访客户，帮助客户解决问题来开展业务。人员销售是一种灵活的传播方式，可以维持品牌的忠诚。

（四）公共关系

公共关系是指用来促进或者保护公司形象及其产品的活动方案，是一种非常大众的营销传播工具。公共关系主要包括新闻、赞助、特殊事件、游说等。公共关系能够很好地吸引消费者，使之成为品牌故事的一部分，并主动去传播，能够以比广告低的成本对公众产生强烈的影响。

（五）直复和数字营销

早期的直复营销主要体现在三个方面：电话营销、直接邮寄和购物目录。现在随着科技的进步，在互联网背景下，直复营销有了新的变化，消费者可以通过

我国体育用品本土品牌建设

网站和移动应用直接和企业沟通。这样企业就可以针对自己的目标客户进行精准的营销，建议顾客契合品牌社群。

二、利用整合营销传播创建体育用品本土品牌

（一）利用整合营销传播提高品牌知名度

品牌知名度已被证实为影响消费者购买决定的重要因素，而且品牌知名度也被用来作为评估广告和赞助效力的重要概念，是品牌的第一个要素，通常是其他要素的引子，没有品牌知名度，品牌联想就无从谈起。体育用品企业若要创建品牌资产，提高品牌知名度是重中之重，企业可以通过广告媒介以及名人代言迅速提高体育用品品牌的知名度。例如 1999 年，安踏签约当时著名的体育明星孔令辉。2000 年，孔令辉在悉尼奥运会与瓦尔德内尔苦战五局，奋战到底，不仅夺得男单冠军，更实现大满贯。就在孔令辉夺冠后喊出"我选择，我喜欢"的广告词后，安踏抓住机遇，利用广告媒介传播，加大投放力度于央视，当年广告投放金额接近亿元人民币，使得安踏与"我选择，我喜欢"响彻大江南北，迅速提升了品牌知名度。

（二）利用整合营销传播提升品牌美誉度

品牌美誉度是消费者对某一品牌的好感和信任程度，是形成消费者忠诚度的重要因素，品牌资产的重要组成部分。品牌的知名度企业往往可以通过广告宣传等途径来实现，而美誉度反映的则是消费者在综合自己的使用经验和所接触到的信息后对品牌价值认定的程度。品牌美誉度不仅仅需要广告宣传来实现，同时还需体育用品企业履行社会责任，增进社会福利，塑造"社会好公民"的形象。例如，安踏公司作为中国体育用品行业的领军企业，一直切实履行着企业社会责任，每当国内同胞面临突发性重大自然灾害时，安踏总是第一时间通过捐款、捐物等形式支援灾区人民。2008 年汶川发生地震后，安踏向灾区捐出资金和物资

总额超过 1000 万元,是体育用品行业首家捐款过千万元的企业。2010 年 4 月青海玉树地震,安踏向灾区捐赠物资 200 万元,并对灾后的学校建设予以了大力支持。2010 年初,云南省会泽县发生严重旱灾,安踏携手国家赛艇队为当地捐赠 36 吨饮用水及其他赈灾物资。2013 年 4 月四川雅安地震后,安踏又第一时间捐赠了价值 1000 万元人民币的款和物,并于同年 5 月底携手杨扬、杨威、王丽萍、冯坤、郭丹丹等知名运动员到雅安看望了受灾青少年。安踏的这些慈善捐赠行为给消费者留下良好的印象,被消费者认为是有社会责任感的企业,从而提升了品牌的美誉度。

(三) 利用整合营销传播工具加强品牌联想

品牌联想包括三种层次的联想:属性联想、利益联想、态度联想。其中态度联想是消费者对品牌的整体评价,是品牌联想的核心层,能够直接形成消费者行为。品牌联想的基础是品牌在顾客心目中留下独一无二的印象,也就是建立清晰的品牌定位,这样体育用品企业的传播推广才能聚焦在一个单纯有力的定位概念上,才能做到不浪费资源、推广方向明确、直击顾客心智,形成相对其他品牌的竞争优势,引起消费者的强烈联想。体育用品企业可以通过新闻、赞助、特殊事件以及建立合作伙伴等获得社会的认可,给消费者留下积极正面的印象,从而增加该品牌的形象联想、信誉联想以及社会责任联想。例如,在新闻报道上,新华网报道,2009 年 5 月 9 日时任总理温家宝视察安踏时指出,安踏成功地从劳动密集型企业转化为技术密集型企业,为"中国制造"升级为"中国创造"探索出了一条具备自身特色的道路。在赞助上,1998 年安踏创办了安踏极限运动精英赛,安踏还常年赞助全国排球联赛、全国大学生篮球联赛(CUBA)等,被誉为"中国联赛发动机"。另外,在特殊事件以及建立合作伙伴方面,2004 年,安踏斥巨资连续赞助中国篮球职业联赛,成为 CBA 职业联赛运动装备合作伙伴。2005 年 2 月,安踏还与中国乒乓球协会正式签约,独家赞助中国乒乓球俱乐部超级联赛 2005~2008 年连续四个赛季的运动装备。

(四) 利用整合营销传播工具增加品牌质量和品质认知

品牌质量和品质认知是品牌的重要资产,是企业品牌大厦的根基。消费者可以花上比买耐克少得多的钱到批发市场去买一双"晋江牌"运动鞋，但大多数购买耐克的消费者不会考虑买"晋江牌"运动鞋，哪怕它是从制造耐克的同一条生产线上下来的同样产品，因为它不是耐克。这就是消费者对不同体育用品品牌的质量和品质认知。体育用品企业要建立品牌资产就必须增加对品牌质量和品质的认知，仅仅有了优质的产品和服务是不够的，企业还需要依靠自身所获得的荣誉以及广告宣传来印证消费者对品牌质量和品质的认知，创建品牌资产。例如，特步多年致力于品牌建设，荣获多项荣誉，2002年荣获"中国名牌产品"称号；2004年荣获中国驰名商标；2007年特步获得世界品牌实验室给予的"中国体育用品NO.1品牌"荣誉称号；2009年荣获"十大最佳美誉度鞋业（运动）品牌第一品牌"称号；2014年荣获"2013年度十大市民最喜爱的品牌企业"称号。这些荣誉不应该束之高阁，特步可以将这些企业荣誉装饰在每个专卖店内，印在产品的外包装上，或者直接体现在其他媒体广告中。

（五）利用整合营销传播工具维持品牌忠诚

品牌忠诚突出表现为消费者的重复购买、连带购买与推荐购买，以及对品牌形象的捍卫。对于体育用品企业来说，建立品牌忠诚至关重要，因为体育用品的市场越来越同质化，竞争越来越激烈，一旦顾客对品牌忠诚，那么企业就拥有了该顾客的终身价值。体育用品企业可以利用销售人员和直复数字营销来建立和维持品牌忠诚，例如体育用品的销售人员在客户遇到问题时能够帮助客户及时解决问题，定期回访一些经常购买产品的老客户，在节假日送上一份温馨的祝福；同时，企业也可以通过数字网络建立顾客社区，保持与忠实顾客的联系，如安踏的安踏爱好者论坛、安踏贴吧，李宁的李宁iRUN跑步社区、李宁贴吧等都是维持顾客品牌忠诚的有效手段。

三、相关注意事项

品牌的确立不但对应着一个广为人知的产品名称，而且对应着一个让消费者喜欢的产品及服务的质量、产品的附加价值、企业文化等。在品牌建设中，体育用品企业需要整合营销传播来传递企业文化、顾客价值等。在这个过程中仅仅关注传播是不够的,还要注意传播的内容是否可以创建本土品牌形象,各种传播工具所传送的品牌信息是否一致,正确理解品牌的内涵才是第一位的。

(一) 整合营销传播要以本土文化为基础

陶源源(2013)认为,在创建本土品牌时,要将中国传统文化的元素融入到品牌中,增加国人的认同感和自豪感,充分利用各种社会资源,来引导消费理念[①]。中国体育用品企业往往都是通过电视广告、平面广告,聘请体育明星和娱乐明星进行体育用品代言,在大型体育赛事中进行产品的赞助来进行体育用品的宣传,这些营销传播方式缺乏创造性的宣传,让消费者感到这种宣传具有大众化的倾向,感受不到中国的特色文化,企业的价值观,体验不到国内本土体育品牌的与众不同。导致体育用品品牌创建效率低,价值含量不高。

(二) 整合营销传播要保证传播内容的一致性

营销传播的灵活性在于它有若干种不同的方式可以创建品牌,整合营销传播不仅仅使用一种传播工具和消费者进行接触,于是就引发了所有的信息在时间和空间上的一致性问题,这就要求体育用品企业在传播时要使传播内容保持一致。因此,传播者必须利用各种传播手段对企业和产品信息进行横向和纵向的整合,才能有效地达到传播和树立品牌形象的目的,达到品牌叠加的效果。例如,2016年里约奥运会,李宁的营销传播主题为"一起李约吧!"在官方渠道,李宁第一时间发布"李约联播"和"李约看点",将运动员形象和体育用品如羽毛球、乒乓球等元素巧妙结合,双关的创意,既抓住受众的情绪和共鸣,还让品牌内涵与赛事主题达成密切而不生硬的互动;在线下的店铺上,李宁将其各大城市的店铺"改头换面",拼搏的冠军形象作为店头极具视觉冲击力,店铺里陈设的奥运主题比赛服和运动T恤与赛事相呼应,将奥运精神带回到每个普通人的生活中;在线上营销方面,李宁的网络销售渠道特别呈现出奥运主题产品页,让消费者不出

---

① 陶源源. 我国体育用品品牌营销策略研究[D]. 吉林大学硕士学位论文,2013.

我国体育用品本土品牌建设

国门,甚至不出家门一起乐约,将奥运精神带回到每个普通人的生活中。此次奥运营销人性化的创意,一致的传播主题,迅速吸引住消费者的目光,让"少花钱,多吸睛"成为了更"接地气"的营销趋势。

(三) 整合营销传播要与产品属性相契合

整合营销传播内容需要创意性,但更需要真实性,一个广告即使非常有创意,但是如果与产品本身的属性不契合,那么这仍然是一个失败的广告宣传。例如,耐克的广告设计具有两点核心理念:一是科技性主题,广告主题指向产品技术的精湛和流程控制的严谨;二是神秘性主题,广告内容充满诗意色彩,高度抽象和视觉化,营造产品的神秘感,让消费者延伸产品技术的想象空间。相较于耐克,贵人鸟在模仿过程中就缺乏真实性以及产品的针对性。例如,贵人鸟在新年广告营销创新中,增加了"轻软弹透、泡泡科技"的"卖点"创意,这种宣扬产品科技性的广告指向明确,即传达"贵人鸟全新泡泡科技""泡泡科技鞋"等具有明确价值导向的广告信息,贵人鸟在网络广告平台上同样极力宣传产品的科技主题,如"贵人鸟自助研发的泡泡科技",但这里是"自助",而非"自主"这个概念。至于贵人鸟重磅推出的"泡泡"(po - power)科技概念具体指什么创新技术,客户无从获悉,也不想深究,品牌美誉度大打折扣①。

第五节 利用次级品牌杠杆创建体育用品本土品牌

在专业化分工越来越细,市场越来越全球化、网络化的今天,企业如果仅仅依靠自身的力量来打造强势品牌已非常困难。企业除了可以直接创建品牌元素、选择品牌运营方式或通过整合营销传播创造品牌资产外,还可以间接地利用次级品牌杠杆创建品牌资产。

---

① 黄璐. 中国体育用品产业发展的思维陷阱——李宁品牌困局的启示 [J]. 体育与科学,2014 (1): 97 - 103.

一、次级品牌杠杆概述

(一) 次级品牌杠杆含义

次级品牌杠杆是一种通过整合外部资源来达到借力、省力目的的品牌资产创建新模式。传统的品牌资产创建模式依赖公司内部资源，坚持内部导向，而次级品牌杠杆理论认为，消费者的大脑中有许多实体的知识结构，品牌本身可以和这些实体联系起来，由于有这种联系，消费者就可以判断或假设：这些实体所拥有的一些联想或特征也许就是某品牌所具有的。次级品牌杠杆强调通过"借用"外部实体的力量来创建品牌自身的资产，我们可以通俗地称之为"借势"战略。传统品牌管理模式是内向型的，重点依赖企业内部资源创建品牌，但是，如果能够有效借助外部资源，就可以事半功倍地创建强势品牌。

(二) 利用次级品牌杠杆的途径

利用次级品牌杠杆的途径多种多样，主要有公司、名人背书、赛事赞助、分销渠道、地理区域或国家、许可授权、第三方资源、品牌联盟八种途径。

1. 公司

产品品牌通过品牌战略与公司形象建立联系或共享。公司品牌启发共同的产品属性、利益、价值观等联想，为旗下产品品牌增加资产。但是，如果产品品牌本身有很强、很独特的形象，那就得与公司保持一定距离，公司与产品若即若离。

2. 名人背书

名人代言广告是企业广为采用的广告形式之一，其主要原因在于名人将自身信誉延伸到或者借用给特定的企业品牌，而向消费者输出双重信用。通过名人来为品牌背书,可以起到扩大名人影响力、提高企业品牌认可度和降低消费者购买风险的作用,品牌在短时间之内进入市场并获得较高的市场认可度,创造了"捷径"。例如,耐克聘请乔丹为其代言,提升了耐克形象,提高了销量。

3. 赛事赞助

赛事赞助是一种新的企业营销公关模式,自身有非常多的区别于传统的品牌营销手段的特点,比如其长远性、范围广、文化性以及软性宣传等特点,这些都促成赛事赞助这种品牌传播方式的进一步发展,赛事赞助在未来的品牌塑造中也会得到更多的应用。

4. 分销渠道

分销渠道是当产品从生产者向消费者或产业用户移动时,直接或间接转移所有权所经过的途径。消费者会根据商品是从哪里出售的推断商品的品质,因此,分销渠道的成员对品牌的品牌资产具有直接的影响作用。

5. 地理区域或国家

当某一地理区域或国家存在特定产业集聚并形成品牌之后,区域或国家的品牌便在特定产业享有良好的品牌声誉,这将使区域或国家内该产业单个企业的品牌从区域品牌中获益。正面的形象能够提高世界市场对该区域或国家品牌的接受程度;相反,负面的形象会严重限制该区域或国家的品牌影响力,例如意大利的西服,美国的运动鞋在国际享有较高声誉。

6. 许可授权

许可授权在这里指公司之间关于使用他人品牌的名称、图案、特性或其他品牌元素,促进公司品牌销售并支付固定费用达成的协议。

7. 第三方资源

第三方资源是通过权威、中立的第三方认证,使品牌获得品质过硬的形象,从而增强品牌在消费者心目中的影响力。

8. 品牌联盟

品牌联盟是通过与其他品牌联合,把对方的优质资产转移过来,达到优势互补的目的。

(三) 次级品牌杠杆效果的影响因素

次级品牌杠杆是可以对品牌的创建产生效果,但效果是大还是小,是正面的效果还是反面的效果,这类问题是值得关注的。2009 年,王海忠等归纳了国内外对品牌杠杆效果的影响因素,它们分别是实体的知名度和影响力、实体与品牌的相关性、实体知识的可转移性,这三个条件决定了外部实体对品牌产生杠杆作用的程度[①],图 5-3 更形象地说明了这个过程。

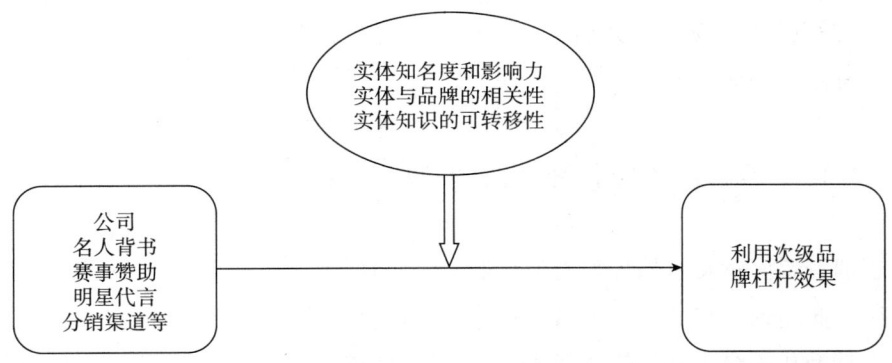

图 5-3 次级品牌杠杆效果的影响因素

二、利用次级品牌杠杆创建体育用品本土品牌

企业灵活运用次级品牌杠杆可以提高品牌资产。当具体到体育用品本土品牌

---

① 王海忠,刘海燕. 品牌杠杆——整合资源赢得品牌领导地位的新模式 [J]. 外国经济与管理,2009,31 (5) 25 - 37.

的时候，企业应该充分考虑到外部相关的实体对体育用品品牌产生杠杆作用的机理和效果。

（一）利用次级品牌杠杆提高品牌知名度

次级品牌杠杆是已经在消费者心目中拥有一定知名度的实体，当品牌和这个实体存在联系的时候，消费者会因为这种关联性认识了品牌，也就提高了品牌的知名度。新品牌可以利用公司知名度，提高在消费者心中的知名度。例如，安踏在 2008 年 8 月，成立了第一家儿童服装门店，成为第一家进军儿童市场的国内体育用品品牌。Antacids 作为安踏品牌延伸，直接利用了安踏品牌的市场影响力，吸引了大量消费者，提高了新名牌知名度，另一方面，Antacids 也为 ANTA 品牌培养了儿童消费群体。Antacids 是我国体育用品品牌利用公司品牌顺利实现品牌延伸的典范。名人背书也是迅速提高品牌知名度的重要策略，如孔令辉为安踏的代言，提高了安踏的知名度、美誉度。另外，赛事赞助可以集聚大量的曝光，提升品牌的知名度。

（二）利用次级品牌杠杆提高品牌联想

当消费者面对某一品牌联想到其他实体的时候，他们会认为实体的品牌联想也适用于此品牌，因此，次级品牌联想是增强现有品牌联想的一种有效方式。由于赛事赞助和体育用品品牌高度相关，选择合适赛事赞助使赛事联想和品牌联想是同一方向，便会为品牌注入更丰富的体育精神，拓展品牌联想。例如，匹克公司坚持把各类篮球推广作为品牌推广及营销策略的核心部分，赞助 NBA 球队和篮球世界杯，使消费者认为匹克和篮球是紧密联系在一起的。由于名人背书会传递名人的个性和形象，品牌选择合适于品牌形象的代言人是对品牌形象的提升。

（三）利用次级品牌杠杆提高品牌品质认证

次级品牌杠杆提高品牌品质认证有两种途径，一种是直接通过独立的第三方资源认证，另一种是通过品牌杠杆的间接认证。独立的第三方认证，尤其是第三方具有权威性的时候，可以提高品牌在人们心目中品质可信度，如国体育器材通过国体认证提高品牌质量认可度。由于存在一些品牌杠杆在消费者心目中具有品质保证，体育用品品牌可以通过这些杠杆的认可，间接地提高品质认证。例如，匹克在 2014 年夏季争取到了 footlocker 的试销机会，这次合作首先是突破性打开了在美国当地的销售渠道，使得匹克有机会在全美国市场上立即获得大量产品和品牌的认知，进而打开销路。其次是 footlocker 因为其专业零售店的地位而在体育用品行业内有较高的专业认可度和权威性，能够进入 footlocker 销售渠道的产品和品牌都是经过甄选，达到其较高的品牌、质量要求的产品。借助美国当地较为认可的市场渠道进行销售的市场进入方式，使得匹克在美国的销售和品牌专业度都得到提升。当品牌所属地理区域和国家具有这类产业的集群优势，并在人们心目中是高质量代表时，品牌也可利用这种策略间接提高品质认证。

（四）利用次级品牌杠杆提高品牌忠诚度

在塑造体育用品品牌忠诚度方面，销售渠道、第三方资源发挥着不可替代的作用。销售渠道是为消费者购买产品存在的，徒有质量上乘的产品并不能保证市场占有率的忠诚，只有完整的销售渠道才能保证更多的消费者接触到产品，才能保证产品的市场占有率。体育用品品牌也可以利用第三方资源塑造品牌的忠诚度，例如，利用品牌社区提高消费者对品牌的参与度，传播品牌核心文化，让消费者形成品牌共鸣。另外，当公司已经形成了数量庞大的忠诚顾客群，子品牌也可以利用公司的资源塑造顾客忠诚度。

三、相关注意事项

（一）丰富传播手段，慎选品牌代言人

体育企业在选择体育品牌代言人时还要注重代言人与产品的一致性，尽量选择体育明星为其代言。体育明星在气质上与体育用品相匹配，具有较强的说服力，有利于增强广告的感染力。选择品牌代言人不能一味追求名气，要考察其与品牌的内在联系；代言人的气质要符合产品风格，具有一定的影响力和凝聚力，将代言人与品牌进行无缝链接。只有这样，品牌的个性才会得到彰显。品牌代言人如果选择不当，不仅对企业品牌发展没有丝毫的帮助，反而会使消费者对品牌产生反感，企业不仅没有达到自己预先的设想，反而更加拉远了与消费者的距离。另外，我国体育企业也可立足本国，走出国门，在全球范围内寻找形象好、有潜质的青少做品牌代言人，通过代言人的拼搏、成长、成功来释放品牌的内涵，扩大品牌影响力。在2002年，我国跨栏运动员刘翔还处于名不见经传时，耐克公司便与其签约，聘请他为代言人。在两年之后的希腊奥运会上，刘翔一鸣惊人，拿到奥运金牌。当刘翔全身耐克装束，身披国旗庆祝夺冠时，国人在佩服耐克公司犀利的眼光和独到的前瞻性时，耐克也就在人们的心中扎下了根。

（二）专注赛事赞助

体育用品品牌的体育赞助也需在品牌战略定位和体育之间建立令人信服的有机联系，并通过赞助活动充分地与目标群体沟通，来实现体育品牌的战略目标。由于赛事赞助需要大量的资金，我国体育用品品牌更应该专注于自己相关度高的赛事赞助，也让赞助发挥最大的效果。另外，表面上来看，赞助是一个短暂的商业行为，但是懂得品牌经营的商家会利用赞助活动的"余热"以及合作伙伴的影响为下一步品牌推广创造条件和氛围。从这个角度来看，赞助其实是一种具有长远影响的行为，它并不随着活动的结束而结束。

（三）开拓国际分销渠道

我国体育用品品牌的国际化战略仅停留在表层认识上，即向海外兜售具有中国文化设计元素的本土产品，简单地做自有品牌出口和特许经营业务，这种具有价格优势的变相海外倾销性质的国际化战略，毫无国际竞争力可言。随着国内体育品牌门店数量的饱和，仍借助于水平式增长已经极大地制约了国内本土品牌分销渠道的建设，这也是制约本土体育用品行业发展的关键要素之一，开拓国际分销渠道对本土体育用品品牌发展变得越发重要。

第 六 章

研究结论与对策建议

本章首先归纳了本书的主要研究结论并进行了讨论，然后提出了体育用品品牌建设的对策与建议，最后分析了本书的主要局限性与不足，并指出了关于这一主题研究的未来研究方向。

第一节 主要研究结论

一、厘清相关概念的内涵

在中外学者已有研究的基础上，对产业链、价值链、产业价值链、体育用品及体育用品品牌等概念进行了重新界定，厘清了这些概念在特定环境背景下的内涵与外延。

产业价值链中的"链"字，既有"链条"的意思，更有"链接"的寓意，显然，"链接"是产业价值链概念的核心所在，而"价值增值"是产业价值链发展的内在动能和最终发展归属。因此，产业价值链中上下游产业链环之间的关联绝不是单纯的某一个方面联系，而是一种由价值、需求、空间等多方面因素胶合的产业链环之间的链网式关联。因此，本研究把产业价值链的含义界定为：在一定地域范围内,某一行业中具有竞争力的企业及其相关企业,以产品为纽带按照一定的逻辑关系和时空关系,基于供需链、企业链、空间链和价值链这四个维度有机组合而形成的具有价值创造和增值功能的链网式链接的一体化组织系统。

由于体育用品的外延很广,对"体育用品"的界定一直是学术界和实践中的一个难题,使得人们对体育用品的理解处于模糊状态。本书从品牌建设的视角来界定体育用品的内涵,把品牌建设中的"体育用品"内涵界定为:人们在进行体育运动休闲、体育锻炼、体育教育和普通竞技运动过程中所使用到的相关物品的统称,多指运动服装鞋帽包、体育器材器械等。本土品牌也叫民族品牌,国产品牌或中国品牌,是指由中国企业原创,产权归中国企业的品牌。由于民族品牌的提法带有民族主义色彩,不太符合现行的国际通行的提法,所以现在大多使用"本土品牌"的提法。自从本土品牌这个概念被业界人士提出以后,随着社会、经济环境的变化和发展,其本身的概念内涵也在不断演变和更新。

二、确定体育用品本土品牌建设的要素指标

体育用品本土企业进行品牌建设,构建具有市场竞争力的体育用品本土品牌,必须要了解并掌握体育用品品牌建设的关键抓手。通过文献研究和实证分析后得出:体育用品品牌建设要素指标体系包括 5 大类 15 个操作指标;五大类要素为:体育用品品牌知名度、品牌联想、质量与品质认知、价格适中度和品牌忠诚度。体育用品品牌建设要素理论指标体系如表 6 – 1 所示。

表 6 – 1 体育用品品牌建设要素理论指标体系(验证后)

计量项目	品牌知名度	品牌联想	质量与品质认知	价格适中度	品牌忠诚
操作指标	不提及知名度 提及知名度 品牌美誉度	品质质量联想 品牌个性联想 品牌形象联系 企业责任联想 企业信誉联想	质量标志认知 品牌个性认知 品牌形象认知	定价适中度 调价适中度	购买行为忠诚度 口碑传播忠诚度

体育用品品牌建设要素指标是进行体育用品品牌建设的主要依据。体育用品品牌建设主体，特别是体育用品企业进行品牌建设的主要职责就是：从产业价值链出发，运用整合营销沟通的模式，提升品牌的知名度和美誉度，提高目标消费者对品牌产品的质量与品质认知水平，引导目标受众对本品牌形成正向的品牌联系，构建品牌与消费者之间持久巩固的关系质量，提高消费者对品牌的满意度和忠诚度，打造具有竞争优势的强势品牌，增强品牌的国际竞争力。

三、剖析体育用品产业价值链的结构、品牌性功能及其运行机制

本研究剖析我国体育用品产业价值链的结构，指出体育用品产业价值链的链环主体主要有四类，一是体育用品本土企业；二是政府及其相关部门；三是体育用品行业协会组织；四是经销商和终端销售渠道商。体育用品产业价值链被描述为沿着原材料供应商、生产加工制造企业、经销商分销、终端零售渠道分销以及最终消费者的一个互相关联的网状链网系统。体育用品产业价值链的一般性结构模型如图6-1所示。

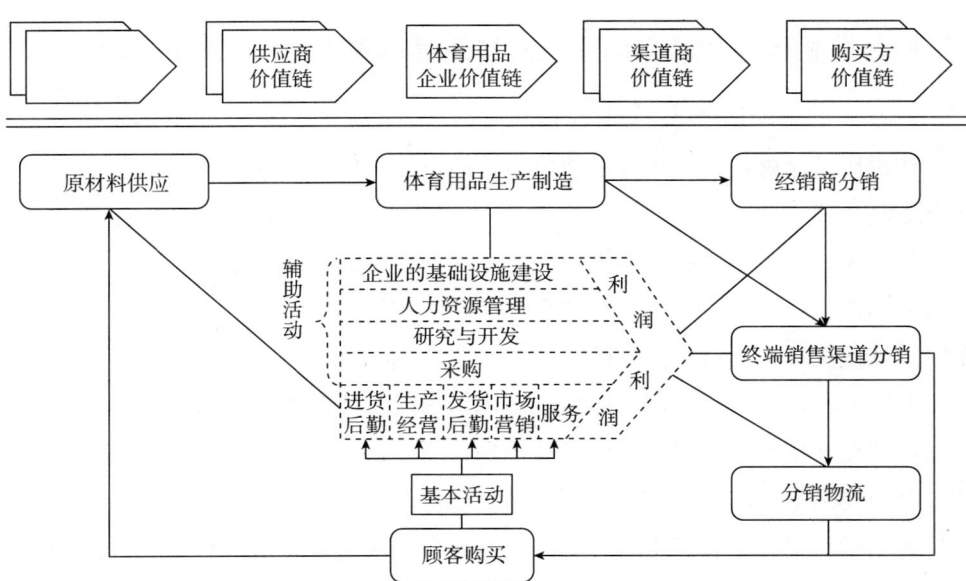

图6-1　体育用品产业价值链系统的一般模式

本研究发现，产业价值链除了具有一般性产业链的产业功能和价值创造递送功能外，其品牌性功能也是非常突出的，即产业价值链在体育用品品牌建设中具有重要促进作用和保障功能。产业价值链的品牌性功能主要包括：质量安全保障功能、价值传递和提升功能、消费引导功能、品质认知性功能和品牌联想功能等。体育用品产业价值链的运行机制主要包括信任契约机制、沟通协调机制、利益分配与风险共担机制、竞争谈判机制和监督激励机制等，体育用品产业价值链依靠这些机制共同作用，推动着整个产业价值链的健康运行。产业价值链的各环节与体育用品品牌的知名度、美誉度、品牌联想、质量与品质认知、价格适中度和品牌忠诚等品牌建设要素具有很强的相关性。

了解和掌握体育用品产业价值链的结构、品牌性功能及其运行机制是进行体育用品品牌建设的重要基础和保证；从产业价值链出发，构建包括体育用品质量与品质、品牌个性、品牌形象、品牌文化的高附加值和高性价比的体育用品品牌保障体系，既是体育用品产业集约化发展和产业结构转型升级的内在要求，也是不断满足广大消费者从"强调品质和功能"转向"强调价值观和个性体验"，追求高品质生活需求的趋势使然。

四、分析体育用品品牌建设主体及品牌对各建设主体的作用

体育用品品牌建设主体与产业价值链的链环主体具有高度重叠性，主要包括体育用品企业、政府及相关部门、体育用品行业组织、经销商和终端销售渠道商。体育用品品牌建设的一般流程是：品牌规划阶段、品牌创立阶段、品牌培育阶段和品牌扩张阶段。当然，在体育用品品牌建设的实践中，不一定要依照这几个阶段依次推进，也有可能跳跃、交叉甚至反循环推进。

研究发现，由于体育用品品牌具有识别功能、传播推广功能、溢价功能、品质保证功能和质量安全保障功能等结构性功能，正是品牌本身具有的这种品牌性功能有力地推动了品牌建设主体进行品牌建设的主动性和积极性。具体来看，体育用品品牌对消费者的作用主要有：降低体育用品消费者信息收集成本和选择成本；消除体育用品消费市场中的逆选择现象。对体育用品企业的主要作用有：降低体育用品企业的产品推介成本；增加体育用品企业利润；促进体育用品企业永

续增长。对政府的作用主要有：可以降低政府的管理成本；可以促进政府管理目标的实现；可以提升中国政府和"体育用品国家品牌"的国际地位。对渠道分销商的作用主要有：有效增加渠道分销商收入；增强渠道分销商可持续经营能力。

五、构建体育用品品牌建设"三位一体"的梯度框架模型

结合体育用品品牌建设的理论与实践，根据体育用品品牌建设的一般性路径、建设机理和创建路径，本研究构建了以产业价值链为主线，以品牌建设参与者为主体，以品牌建设要素为内容的体育用品品牌建设的"三位一体"梯度框架模型。这一框架模型指明了体育用品品牌建设的基础和出发点，明确了体育用品品牌建设的相关主体，阐明了体育用品品牌建设的内容及品牌建设一般性流程，为体育用品本土品牌建设提供了有益的理论指导。

六、阐释基于产业价值链的体育用品品牌建设模型的运行机制机理

基于不同视角，可以构建不同类型体育用品品牌建设模型。基于产业价值链视角构建的体育用品本土品牌建设模型，不仅结合了我国体育用品产业的特点，而且能够有效保障品牌体育用品的质量品质、品牌个性和品牌价值。基于产业价值链的体育用品品牌建设模型的运行兼具产业价值链的属性和体育用品品牌建设特色，这一模型的运行具有其特有的本质及运行规律。体育用品品牌建设模型运行主体与产业价值链主体具有重叠性，主要包括：体育用品企业、政府及其相关部门、体育用品行业组织、经销商和终端销售渠道商。通过研究发现，基于产业价值链的体育用品品牌建设模型运行具有其自身的机制机理，主要体现在：体育用品品牌的作用为这一模型运行提供了基本动能；产业价值链的品牌性功能为这一模型的运行提供了强有力的保障；体育用品品牌建设模型的运行机制就是产业价值链机制，主要包括信任机制、沟通协调机制、利益分配机制、风险共担机制、竞争谈判机制和监督激励机制等。正是这些机制机理的保障和作用，使基于

产业价值链的体育用品品牌建设模型能够正常有序地运行。

七、剖析体育用品本土品牌资产创建的机理及其路径

体育用品品牌资产的创建除具有品牌资产创建的一般性机理与路径外，还具有其自身特有的机理与路径。研究发现，创建强势体育用品品牌的机理需要经历品牌认知、品牌联想、品牌响应、品牌共鸣四个层级。创建强势体育用品品牌的四个层级构成了一个阶梯，只有经过品牌认知，才能实现品牌联想，才会有品牌响应，最终才会形成品牌共鸣。在体育用品强势品牌创建的四个层级中，要经历六个阶段，即要经过显著度、功效、形象、判断、感受，最后到共鸣这六个阶段。本土体育用品品牌资产创建的路径有：通过选择具有本土特色的品牌元素创建品牌资产；通过策划具有中国特色的营销方案创建品牌资产；通过策划具有本土特色的整合营销传播组合创建品牌资产；通过选择具有本土特色的次级杠杆创建品牌资产。

第二节 体育用品本土品牌建设的对策建议

根据前述研究结论，结合我国体育用品本土企业的品牌建设实际和存在的问题，以"打造强势品牌、创建名牌、增强本土品牌的国际竞争力"为目标，从体育用品本土企业、政府、体育用品行业组织和渠道分销商四个品牌建设主体角度，提出体育用品本土品牌建设的对策建议。

一、体育用品本土企业提高品牌建设水平的对策建议

体育用品本土企业是品牌的拥有者和主要受益者，也是本土品牌建设的最主要主体，因此，在整个体育用品品牌建设中起主导作用。在体育用品市场中，体

育用品企业拥有强势品牌,意味着能够获得更高的品牌溢价,拥有更多的市场份额和附加值,在市场竞争中更具竞争优势。下面就体育用品本土企业提高品牌建设水平提出相关对策建议。

(一) 制定品牌建设战略规划,明确品牌定位

我国体育用品本土企业的大发展是近 20 年的事情,从李宁、双星等老牌企业,到后来的安踏、匹克等晋江企业,销售规模和市场占有率不断上升,发展势头非常迅猛,大有对外资品牌取而代之的趋势。然后,十多年过去了,本土体育用品企业发展却困难重重,甚至出现 2011~2014 年的低迷亏损时期,发展后劲严重不足。究其原因,普遍共识:现在是品牌致胜时代,消费者依赖品牌选择产品,本土企业应该更加注重提升品牌内涵文化和品牌价值等方面建设。通过研究我国体育用品本土企业品牌建设的历史过程发现,我国体育用品本土企业在进行品牌建设中,普遍缺乏整体的、全局的和长远的品牌建设战略规划,很多企业是"脚踩西瓜皮、滑到哪里算哪里",甚至出现美国篮球明星迈克尔·乔丹状告中国体育用品品牌"乔丹体育"事件。

我国体育用品行业厂家众多,品牌众多,但同质化严重。早在发展之初,很多品牌都和乔丹体育一样,靠山寨和仿冒,鱼目混珠,完成了最初的资本积累。很多企业发展初期都是在模仿中学习进步,靠山寨来误导、靠借用名人效应吸引眼球。正因为如此,中国制造在之前很长一段时间被国际诟病。随着企业不断做大做强,甚至谋求上市,当初它们引以为傲的小聪明却成了发展中最大的阻力。背负山寨的名声,已经难以提升品牌的价值。如何摆脱"山寨"烙印,是转型期本土品牌所面临的一大挑战。国际顶级的体育用品企业早已不是仅仅在向消费者售卖一双鞋、一件运动服这样简单的商品,而是在创造一种新的价值,这种价值或是科技的,或是健康的,或是时尚的,甚或是已经成为了一种信仰和理想。因此,我国体育用品本土企业要创建强势品牌,必须从一开始就要有战略思维,要立足长远,制定品牌建设的战略规划。

品牌定位具有两层含义:一是指这一品牌产品的目标市场在哪里,二是指这一品牌在目标市场消费者的头脑中所处的位置,留下什么样的独特印象。有些本土体育用品企业的负责人不是非常清楚其产品的目标市场在哪里?也不清楚目标

市场的消费者对品牌产品的心理诉求和情感诉求是什么？这些消费者具有什么样的购买心理行为特点？以及他们的经济状况如何？体育用品的购买行为特征是什么？中国本土体育用品品牌应该深入研究消费者心智中认知特点和购买模式，挖掘、开发目标顾客心智中有价值的认知资源，针对竞争品牌的认知强弱，建立起独特的品牌定位。企业必须依靠建立起自己独特的品牌定位才能胜出，即企业必须在目标顾客的心智中占据一个独一无二的位置，这个位置不仅包括企业的长处和短处，也包括竞争对手的强势和弱势。建立清晰的品牌定位之后，企业的传播推广才能聚焦在一个单纯有力的定位概念上，才能做到不浪费资源、推广方向明确、直击顾客心智，形成相对其他品牌的竞争优势。从而拉动销售，进一步积累心智资源，增强品牌资产，逐步形成长期的可持续发展的整体优势。

（二）塑造独特的品牌个性和良好的品牌形象

品牌个性是指消费者所感知的品牌所体现出来的一套个性特征；而品牌形象是消费者对某一品牌的总体印象。对于企业而言，品牌个性和品牌形象的作用主要是用于创建品牌差异化和提升品牌资产；而对于消费者而言，品牌个性和品牌形象能够帮助消费者进行自我表达和简化购买过程。研究发现，消费者在选购体育用品时，品牌个性和品牌形象是他们考虑的重要因素，消费者更容易接受并购买与自己具有相同或相似个性的品牌产品，也更倾向于购买品牌形象优质的品牌产品。近年来，以运动和娱乐为载体的、以强调自我和彰显个性为主体的文化观念，越来越成为全球性的消费文化；在体育用品消费领域，因为品牌的内涵日益从"强调品质和功能"转向"强调价值观和个性体验"，这种替代性更为显著。因此，塑造独特的品牌个性和良好的品牌形象是我国本土体育用品企业品牌建设的重点领域。

在塑造独特的品牌个性和品牌形象的实践中，体育用品企业应该注意以下几方面：

第一，要深入分析本品牌产品目标市场消费者。从目标市场消费者的集合特征总结提炼出他们的个性特征，根据目标消费者的集合个性特征来塑造体育用品的品牌个性，更容易被目标市场的消费者所接受。

第二，聚焦产品品类，从单品类突破来塑造品牌个性和品牌形象。中国体育用品本土品牌常犯了一个基本错误：他们观察市场领先者，并试图模仿领先者所做的每一件事来打造自己的品牌，这样做往往会使自己迷失方向。耐克不是因为生产全线产品，而是因为耐克在1974年率先推出了华夫跑鞋（waffle – sole）。耐克的 Waffle Trainer 被认为是完全不同于传统球鞋的一种全新运动鞋，耐克是最早的"专业运动鞋"。借助 Waffle Trainer 的畅销，耐克在市场上取得了巨大的优势，耐克的产品和品牌在运动专业市场建立起巨大的声誉，以此为基础，耐克挥军进入了大众市场。锐步是美国运动服市场上使自己出名的第二个品牌，其做法与耐克如出一辙，锐步一开始是推出女性运动鞋，然后才慢慢延伸到其他产品品类。因此，我国体育用品本土品牌及其个性的塑造，不应该一开始就追求全线出击，而应该聚焦在一个突破性的产品品类上，选择自己具有优势的产品品类来塑造独特的品牌个性。

第三，本土体育用品企业在塑造品牌个性时，还应该立足中国的传统文化，与品牌形象、品牌美誉度和品牌文化相结合，运用整合营销沟通的模式构建。

第四，塑造本土企业家良好形象，提升体育用品本土品牌形象。企业家形象是品牌的重要组成部分，企业需要塑造一批具有良好形象的企业家，取得消费者的广泛认可。塑造体育用品本土企业家良好形象要做好以下几个方面工作：①提高企业家的自身文化素养。②树立具有社会责任感的企业家形象，与品牌形象相得益彰。社会责任感是消费者衡量企业家的重要指标。企业家应该是社会公益事业的参与者和支持者。要经常性地从事力所能及的捐资助学、助残助老等社会公益事业，要热衷于参加政府组织的各种公益活动。③树立强烈的产品质量意识，让优良的产品质量为企业家形象增加光彩。企业家要树立起视产品质量为企业生命的形象，取得消费者信任。④教育和动员全体职工维护企业及企业家形象。塑造良好企业形象是一项群体工作，不仅领导有责任，而且企业每个职工都有责任和义务。

（三）加强研发设计和技术创新，提升品牌产品的质量与品质

产品是品牌的载体，产品的质量和品质，是优势品牌的重要基础。随着社会经济的发展和消费者素质的日益提升，运动生活方式随消费升级在发生显著变化，并向成熟体育市场迈进，典型特征是以功能性为主的专业运动需求逐步增

加,并引发本土品牌在产品创新上的新趋势。我们的研究也发现,消费者在购买体育用品时,产品功能性为主的专业运动所要求的产品质量和品质越来越被消费者看重。研究发现,产品的质量和品质认知是消费者购买体育用品重要依据之一。然而,长期以来,以模仿和跟随起家的本土体育用品企业忽视产品研发设计和技术创新,导致我国体育用品本土企业的产品技术含量不高,与国外知名品牌相比,特别在专业功能产品上与它们有很大差距。品牌同质化也是我国过去体育用品面临的主要困境,过去各大品牌主打休闲化路线,但差异化并不明显,背后问题主要是产品研发与创新能力不足。

因此,我国体育用品本土企业一方面要加大对产品研发设计和技术创新的投入。随着安踏、李宁等本土企业投入资金和人力成立运动科学实验室或研究中心,标志着产品研发和技术创新已成为本土品牌的战略重心。通过推动品牌文化塑造与专业化的结合,提高了产品附加值;本土企业的研发投入占比提升显著,基本达到2%~3%的较高水平,安踏更是达到了年销售额的5.2%,随着本土品牌产品质量与品质的提高,我国本土企业品牌竞争力大大提升。另一方面,体育用品本土企业应加强对体育用品生产制造过程的质量与品质监控与管理。生产型体育用品企业是体育用品生产制造主体,决定体育用品的质量与品质。体育用品企业在体育用品的生产制造过程中,应该强化管理,精益求精,提高质量水平,发挥体育用品生产制造的工匠精神和创新精神,保证体育用品的高质量和高品质,为创建优势本土品牌奠定坚实的质量与品质基础,生产出受目标市场消费者青睐的产品。

(四) 根据市场供求动向,建立科学合理的定价和调价机制

本研究发现,价格适中度(包括定价适中度和调价适中度)是品牌建设中的重要因素,也是消费者购买体育用品的重要依据指标。因此,建立科学合理的定价机制和调价机制是体育用品本土企业提升品牌建设水平的重要工作内容。

1. 建立科学合理的定价机制

目前体育用品市场的定价机制不够科学,体育用品价格的决策在很多企业还是依赖企业负责人拍脑袋决策,这种模式使消费者没有消费安全感,常常无所适

从，甚至严重影响本土品牌在消费者心目中的形象。尤其是部分体育用品企业为了实现销量目标，大打价格战，低价倾销，不但加剧了无序竞争，而且还在消费者心目中留下了价低质次的印象。因此，建立科学的定价机制是目前体育用品品牌建设中要解决的重要问题。科学制定品牌体育用品价格，不仅要了解品牌体育用品价格的构成，还需要搞清品牌体育用品价格的影响因素。品牌体育用品价格影响因素主要有以下几个方面：①品牌体育用品供求关系；②品牌体育用品需求弹性；③品牌体育用品消费者的心理因素；④品牌体育用品的竞争状况；⑤政府行为影响品牌体育用品市场价格等。企业还要掌握品牌体育用品的定价方法。品牌体育用品的价格制定方法主要有三类：成本导向定价法、需求导向定价法和竞争导向定价法。

2. 制定科学合理的调价机制

为了适应市场变化和消费者心理需要，品牌体育用品企业必须建立科学、合理的调价机制。调价的原因主要是体育用品适应生产成本的变化、供求关系或市场竞争的需要。由于国内外经济形势复杂多变，体育用品的原材料等方面的价格也经常随之变化，体育用品供求关系导致价格调整，有的体育用品受季节变化的影响较大，由于季节及时尚流行的因素，供给数量很难在短时间内大幅提高或降低，导致供求不平衡现象时常发生。品牌体育用品的价格必须根据供求关系进行及时调整，以取得市场主动权。体育用品竞争关系导致价格调整。体育用品生产经营者众多，行业进入门槛很低，竞争也就异常激烈。在激烈的竞争中，本土企业必须根据竞争态势经常性调整价格以适应竞争的需要。体育用品企业调价方式主要有两个：一是主动调价，二是被动调价。

（1）主动调整价格是体育用品企业在市场竞争中对某些商品的供求状况已有较准确的预测，为了先发制人，取得竞争的主动权，体育用品企业主动降价或提价。体育用品企业被动调整价格是指由于竞争者首先调整了价格，迫使本企业必须采取适当的价格对策。

（2）被动调整价格，包含着被动降价与被动提价两种做法。在对竞争者调整价格目的及同行业反应进行研究的基础上，企业应该根据自身情况采取以下相应的对策：①可以不予理睬；②可以随之升降；③可以迅速退出或转移市场；④可以低价反攻；⑤可以用新产品或增加新服务反击，等等。一般地说，消费者对于价值高低不同的体育用品价格变动的反应有所不同。对于那些价值较低或者经常购买的体育用品价格变动较敏感，而对于那些价值很高和不经常购买的体育用品，即使价格调整，消费者的反应也不大。无论是什么原因调整价格，也无论是提价还是降价，体育用品企业要把握的一个重要原则是价格调整的幅度要适中，既不能过高也不能过于频繁，既不能过低也不能死扛价格不调整。因此，体育用品价格调整适中度是体育用品品牌价格适中度的重要指标。

（五）构建良性互动的品牌—消费者关系质量，提升本土企业的品牌资产

体育用品品牌是连接体育用品企业与其目标市场消费者的桥梁和纽带。体育用品企业要与其消费者构建长久的、巩固的关系质量，必须借助于体育用品品牌及其产品，为其目标消费者创造并通过多种途径递送顾客价值，使目标消费者获得尽量多的顾客让渡价值，体育用品企业才能拥有更多的忠诚顾客，企业最终才能获得更多的顾客终身价值。

体育用品品牌，特别是知名品牌是体育用品企业的重要资产，不仅直接为企业产品带来溢价，而且能够有效增强企业的市场竞争力，因此，体育用品本土企业应该运用多种方式，提升本企业的品牌资产。前述研究发现，体育用品品牌资产由多种要素构建，主要由品牌知名度、美誉度、品质质量认知、品牌联想和品牌忠诚等要素构成。打造和提升本企业的品牌资产，应该从这几方面入手，提升本企业品牌的知名度和美誉度，提高目标市场消费者对本品牌产品的品质与质量认知水平，引导目标受众对本品牌形成正向的品牌联想，最后使消费者对该品牌达成较高的忠诚度。

研究发现，在构建良性互动的品牌—消费者关系质量，提升本土企业的品牌资产中，整合营销传播起着非常重要的作用。整合营销传播是通过广告、公共关系、人员销售、销售促进和直复营销等工具的特定组合，长期地、一致地向目标受众展示一个品牌形象，沟通一种价值主张，用于有说服力地沟通顾客价值和建立顾客关系。前述研究发现，在构建体育用品品牌资产的实践中，通常使用品牌元素、品牌次级品牌联想、设计营销方案等途径来提升本土企业的品牌资产。体育用品企业通过各种形式的广告、请明星代言、赞助各类赛事和体育活动、捐资

助学助困帮贫以及各类事件营销等,不仅提升品牌的知名度和美誉度,也为其品牌的品牌联想提供了众多素材和资料;同时,体育用品企业加大对产品研发和科技创新的投资力度,配合营销传播,提升了消费者对其品牌的品质认知。本土企业还运用移动媒体和社交媒体建立品牌社群,加强与消费者的沟通与互动,更加关注消费者的内在体验,关注消费者在形体、情绪、知识上的参与感及所得,企业在品牌建设上要更强调"环绕着消费者,创造出值得消费者回忆的活动和感受,取得消费者的心理认同"。然而,在整个与消费者营销沟通中,始终要保持一致性和整合性,而且要保持长久性。整合营销沟通并不是最终目的,而只是一种手段,其根本就在于以消费者为中心,研究和实施如何抓住消费者,打动消费者,与消费者建立一种"一对一"的互动式的营销关系,不断了解和理解目标市场消费者,不断改进产品和服务,满足他们的需要,建立消费者对品牌的忠诚,构建良好的以品牌为桥梁的体育用品企业—消费者之间的良性互动关系。

二、政府促进体育用品本土品牌建设的对策建议

政府及其相关部门是体育用品本土品牌建设的重要参与主体,在品牌建设中充当重要角色,起着非常重要的作用,是体育用品本土企业打造强势品牌的重要保障力量。在体育用品品牌建设中,政府及其相关部门应该积极作为,多方面努力为体育用品本土品牌建设的构建良好环境;制定和完善各项公共政策和相关制度,并保证各项政策制度贯彻执行,有力推动本土体育用品品牌建设进程。

(一) 加强引导并监督体育用品标准化建设,健全和完善品牌服务体系

我国体育用品本土企业有 400 多万家,大部分企业以加工和贴牌生产为主,知名的体育用品企业也就几十家,但规模和实力具有行业领导地位的品牌企业并不突出,规模和实力靠前的几家企业并不一定具有强大的行业号召力。因此,我国体育用品行业的发展现状决定了体育用品标准化还需要政府来引导和监督。政府的引导和监督作用贯穿在体育用品标准化整个过程中,从标准的制定、标准实

施直到标准监督落实都离不开政府的管理和支持。上级政府应建立、健全法律、法规,加强组织和引导标准化体系建设,为体育用品标准化提供政策支持。基层管理部门应该做到,积极进行标准化具体工作的组织实施。

(二) 增加政府对本土品牌建设的财政投入,加大对本土企业的扶持力度

政府应该加大对体育用品龙头和潜力企业的扶持力度,帮助企业打造强势品牌和创建名牌。实现体育用品生产、加工、销售一体化经营,关键在于提高体育用品本土企业的加工、转化和品牌经营的能力和水平,其重点又在于培育和发展一批有基础、有优势、有特色、有前景、有品牌影响力的龙头企业。以体育用品龙头企业为产业发展核心,建立体育用品产业发展聚集区,可以与体育用品企业的上游原材料供应企业或相关科研机构联合合作,通过科技开发和技术创新,生产制造质量和品质优异的产品,增加产品附加值,为创建名牌奠定基础;可以通过强有力的品牌效应开拓和占领市场,实现与体育用品分销商和物流企业对接,连接国内外大市场。通过建设体育用品产业发展聚集区,首先,把体育用品产业发展的各种生产要素聚集在一起,不仅降低了成本和提高了效率,而且在稳定区域经济,吸纳劳动力就业,增加地方财政收入,推进区域产业结构优化升级等方面发挥了积极的作用。同时,应该看到,我国体育用品品牌化与发达国家相比还有很大差距,加工深度和水平、开发创新、品牌运作能力和抗风险能力等都有待提高。其次,要通过加强引导、加强管理、技术创新、人才培养和产业扶持等措施,使龙头企业进一步做大做强,使其在体育用品品牌化进程中真正发挥龙头骨干作用。最后,应选择经济效益好、带动能力强、产品具有优势、符合国家和区域产业政策、有较强科技创新和可持续发展能力的龙头体育用品企业重点扶持,帮助其进行品牌建设和打造强势品牌,增强国际竞争力。

(三) 扶持本土企业开拓国际市场、扩大我国品牌体育用品的影响

推动品牌产品出口是世界各国政府的主要职责之一,我国政府更应如此。在品牌体育用品的出口中,政府应简化行政审批手续,放宽审批条件,支持重点龙

头体育用品企业扩大出口。适当降低重点企业成为进出口公司的门槛,并适当放宽其经营范围。鼓励中外合资体育用品流通企业利用其销售网络,推动我国体育用品进入国外的销售网点和分销中心。支持重点龙头企业参与境外质量管理体系、环境管理体系和各类产品的认证,积极开拓国际市场。鼓励国内龙头企业参与国际市场的体育用品企业参股购并,利用国际体育用品品牌,实施"走出去"战略。尤其是在西方国家普遍受到金融危机影响的今天,国际上体育用品企业的并购条件大幅降低,为我国体育用品本土企业走出国门带来了机会。

(四)加大政府对体育用品本土品牌保护的力度

品牌保护是这项系统工程中极其重要的一个环节。耗费大量人力、物力、财力打造的品牌若不进行有效的保护则有可能毁于一旦。加大政府对体育用品品牌的保护力度,为体育用品品牌建设创造良好环境,是政府促进体育用品品牌建设的重要职责。首先,制定相应政策、法规保护体育用品品牌。虽然政府已经出台了《中华人民共和国商标法》《产品质量安全管理办法》等关于一般性品牌建设的法律法规,但是针对体育用品品牌保护的实施细则仍然缺乏。政府要继续加大对体育用品品牌保护的相关政策和法规建设,保证体育用品品牌保护有法可依,要协调政策、法规的冲突,理顺相关政策、法规的关系,保证体育用品品牌建设政策、法规执行的顺畅。要在政策、法规的制定上,积极提倡、鼓励和推动体育用品品牌保护,贯彻知识产权保护方针,营造有利于体育用品品牌保护的整体大环境。其次,强化行政执法机构,加大体育用品品牌保护执法力度。我国的体育用品品牌管理机构也较复杂,工商局、质监局、体育总局等部门都参与。正因为管理机构多,造成了力量分散、管理效率不高。政府要强化行政执法机构,落实责任,加大力量,保护体育用品品牌。特别是要加强各级工商行政管理部门的力量配置,使其能够在平时的品牌管理中深入宣传商标法、指导企业品牌注册工作、纠正违法行为。最后,加大打假力度,全面保护体育用品品牌。一些不法经营者为了推销自己的伪劣产品,千方百计地假冒名优产品。体育用品品牌假冒侵权、不正当竞争行为不但侵犯了生产经营企业的权益,还侵害了消费者的权益,特别是严重地扰乱了社会正常的经济秩序。政府及其有关职能主管部门是行政执法的责任承担者,要承担起打假任务,全面保护体育用品品牌。国家体育用品质量监督检验中心于 1991 年成立，是经国家体育总局认可的全国唯一国家级体育用品质量监督检验权威机构。其主要职责：承担体育用品强制性检验、定期检验、监督抽查检验；开展新产品鉴定检验、质量仲裁检验、委托检验、产品认证、质量检查；承担体育用品有关标准的制定、修订技术工作；开展体育用品检验技术、检验方法的研究；开展检验人员培训。从中可看出，作为体育用品质量监督检测中心主要是对体育用品的质量进行认证和质量鉴定检测，并没有行政执法的权利。

三、加强体育用品行业组织（协会）在品牌建设中的作用

（一）强化体育用品行业组织在本土品牌建设中的行业环境规范治理作用

我国体育用品本土企业创建强势品牌需要有好的行业环境，而这个行业的规范和治理任务主要由体育用品行业组织来完成。因此，体育用品行业组织应该制定"行规行约"，加强行业内企业的自律；推动行业内企业社会责任建设，保护知识产权、加强行业自律，规范行业和企业行为，培育专业市场，维护公平竞争；积极参与制定、修订国家标准和行业标准并组织贯彻实施，开展行业质量管理，组织行业科技创新活动和重大科研项目的推荐，进行科技成果鉴定和推广应用，促进品牌培育等工作。同时，积极推进制订行业发展规划，经政府部门授权或委托，组织对行业内技术改造、技术引进、投资开发等重大项目进行前期论证及环境评审论证与初审；组织行业内的优秀体育用品企业开展行业特色区域经济建设。

（二）加强体育用品行业组织在本土品牌建设中的信息服务作用

体育用品品牌建设工作是一项系统工程，需要大量行业内外的各方面相关信息支持，体育用品行业组织作为体育用品行业性的非营利性社会组织，能够为体

育用品本土企业提供品牌建设所需的大量相关信息。因此,体育用品行业组织应积推进与国内外体育用品工、商业有关部门和世界各国以及港、澳、台地区体育用品行业组织进行广泛的联系,及时掌握国际、国内体育用品生产、贸易、技术信息,为行业内的本土企业开展信息服务;充分根据行业内的体育用品本土企业进行品牌建设的信息需求,牵头组织相关力量对国内外体育用品行业进行深入调研,同时根据授权进行行业信息统计、收集、分析,发布行业信息,为体育用品企业进行品牌建设提供信息支持服务;依照有关规定创办报刊和网站,开展信息、技术等咨询;积极组织行业内企业组团出国(境)考察、参展等活动,拓展海内外市场,开展国(境)内外经济技术交流与合作,举办技术交流会、论坛、学术报告会等,为本土品牌建设提供更多的信息服务支持。

(三)加强体育用品行业组织在创建名牌战略中的平台支持作用

体育用品本土品牌创建强势品牌和实施名牌战略,需要有一个可信度高且具有权威性的推荐组织和展示平台,我国的体育用品行业组织往往在此过程中扮演着这一重要的角色。因此,我国体育用品行业组织一方面要积极组织行业技术、经济、管理、法规等培训工作,提高行业整体素质;另一方面要积极开展国(境)内外行业经济技术交流与合作,组织举办国际、国内展览会,向世界各国介绍和宣传我国体育用品行业,协助体育用品企业拓宽国际销售渠道,推广中国体育用品品牌。同时,体育用品行业组织还应该进行行业经济运行分析,建立行业预警机制,开展保护知识产权、反倾销、反补贴、反不正当竞争等方面的咨询服务工作,协调对外贸易争端,维护我国体育用品产业安全,为我国体育用品产业和本土品牌"走出去"和提升国际竞争力保驾护航。

四、促进渠道分销商进行体育用品品牌建设的对策建议

渠道分销商包括经销商和终端销售渠道商。经销商和终端销售渠道商是体育用品本土品牌建设中重要参与主体,充分发挥这一主体在本土品牌建设中的作用,对打造体育用品强势品牌会产生意想不到的效果。

我国体育用品本土品牌建设

（一）加大对渠道经销商的教育培训力度，强化品牌建设意识，提高品牌建设能力

中国体育用品企业的渠道分销商负责人由于总体文化水平不高，他们普遍擅长于渠道开发和终端销售管理，对品牌创建、维护、管理以及品牌文化建设等工作不熟悉，品牌建设的意识也不是很强，品牌建设能力比较差。解决这一问题需要体育用品本土企业采取多种方式和形式，加大对各级渠道分销商关于品牌建设知识和能力方面的教育培训力度，使各级渠道经销商一方面认识到品牌构建、维护和管理的重要性，强化他们的品牌建设意识，提高品牌建设能力；另一方面愿意投入自身更多的资源和精力到品牌维护和管理的实际中去，提升品牌资产，为目标消费者创造和递送更多的感知价值，构建品牌与消费者之间的良性关系。

（二）变革传统分销渠道的组织形式，完善体育用品生产供应体系

由于我国体育用品本土企业大多采取"代理+经销模式"，总公司不可能要求各门店老板完全执行公司的产品策略，并默认了经销商独立选货的事实，使得产品组合策略从订货会开始就已经荡然无存了。而产品策略的消失，更进一步影响了目标客户策略、产品推广策略、品牌推广策略等一系列营销策略的展开。

在营销部门当中，虽然几乎所有本土体育用品企业都有所谓的营销中心（或营销公司）。但其实质只有物流、分销、门店管理等销售职能。营销中心沦为销售中心，并时时刻刻忙碌于督促代理商（经销商）进货、回款、完成开店任务；督促生产部门按时交货，以避免由于交货不及时给代理商拒绝进货提供理由。而本应由营销中心承担的重要营销职能则无法有效建立，包括：分品种的销售计划、战略市场的进入策略、产品推广策略、价格策略（成本、利润目标）、产品概念开发、产销及研销之间的衔接策略以及资源策略（如何集中公司资源于重点项目），等等。营销职能的缺失，使得销售环节变得独木难支。而经销环节的库存恶化逐渐加剧了总公司与分销渠道之间的矛盾，进一步恶化了整个供应链的获利水平和现金流量。因此，体育用品本土企业应该改组企业内部的组织架构和渠道分销商的组织链接形式，完善体育用品生产供应体系；同时，本土企业应该制

定针对渠道分销商的考核指标,加大对渠道分销商的考核督察力度,完善评价奖惩体系,切实保证渠道分销商的各项品牌建设指标任务执行到位。

第三节 本研究局限性与未来研究方向

一、本研究的局限性

在本项研究中,笔者采用了问卷调查、深度访谈法、数理统计法和案例分析等研究方法,对基于产业价值链的体育用品本土品牌建设这一课题进行了较为深入的研究,提出了一些创新性的学术观点和对策建议,如体育用品品牌建设的"三位一体"互动机理框架模型等。但本研究也不可避免地存在一些局限性:①实证研究和定量分析过少;②虽然提出了基于产业价值链的体育用品本土品牌建设的框架模型,但对概念性的框架模型没有通过采集充分的数据进行实证检验;③没有从产业价值链的视角提出体育用品品牌建设的相关支持体系和针对品牌建设成效的评价指标体系。

二、未来研究的方向

作为体育用品品牌、市场营销和产业经济方面的理论研究人员在进行这一领域的研究中,可以从以下几个方面进行进一步的探讨。

一是通过调查研究,收集数据,对体育用品品牌这一课题进行更多的实证研究和定量分析,得出更有说服力的研究结果。

二是以"三位一体"的概念性框架模型为基准,通过调研收集数据,对这一框架模型进行验证;用体育用品品牌建设的现实案例对概念性框架模型进行验证的实证分析。

三是从宏观和中观视角提出详细的体育用品本土品牌建设相关支持体系，从微观视角提出品牌建设和评价指标体系以及相关策略，为体育用品本土品牌建设提供更多的理论指引和实践指导。

参考文献

1. ［美］戴维·艾克，爱里克·乔瑟米赛勒．品牌领导［M］．曾晶译．北京：新华出版社，2001．

2. ［美］戴维·艾克．管理品牌资产［M］．奚卫华等译．北京：机械工业出版社，2006．

3. ［美］戴维·艾克．创建强势品牌［M］．北京：中国劳动社会保障出版社，2004．

4. ［美］赫希曼著．经济发展战略［M］．曹征海，潘照东译．北京：经济科学出版社，1991．

5. ［美］凯文·凯勒．战略品牌管理（第3版）［M］．卢泰宏等译．北京：中国人民大学出版社，2009．

6. Aaker, D. A. Biel, A. L. "Brand Equity and Advertising", Hillsdale, NJ: Lawrence Erlbaum Associates, 1993（3）．

7. Aaker, D. A. Erich, J. "Brand leadership". The Free Press, 2002（2）．

8. Aaker, D. A. Keller, K. L. "Consumer Evaluation of Brand Extension", Journal of Marketing, 1990（54）．

9. Aaker, D. A. Managing Brand Equity：Capitalizing on the Value of a Brand Name. Free Press, New York, 1991（8）．

10. Aaker, D. A. Measuring, "Brand Equity Across Products and Markets", California Management Review, 1996（38）：102 – 120．

11. Aggarwal, P. and Law. S. "Role of Relationship Norms in Processing Brand Information", Journal of Consumer Research, 2005（9）．

12. Baldinger, A. L. "The Brand Equity Challenge. In Transcript Proceedings Lexington Avenue", New York, 1995 (6).

13. Balmer, J. M. "Corporate Branding and Connoisseurship", Journal of General Management, 1995 (9).

14. Blackston, Max. "Building Brand Equity by Managing the Brands' Relationships", Journal of Advertising Research, 1995 (3).

15. Blattberg, Neslin, S. A. "Sales Promotion: Concepts, Methods and Strategies, Englewood Cliffs", Prentice Hall, Inc., 2002 (7).

16. Bovel D., Martha J. "From Supply Chain to Value Net", Journal of Business, Jul/Aug. 2000, 21 (4): 24 – 28.

17. Brown, J. R. "Power and Relationship Commitment", Journal Retailing, 1995 (71): 363 – 392.

18. Brown, S. "Postmodern Marketing. London", Routledge, 1993 (11).

19. C. Stevens. "Successful Supply Chain Management", Management Decision, 1992, 28 (8): 25 – 31.

20. Cellins. A. M. Loftus E. F. "A Spreading Activation Theory of Semantic Processing", Psychological Review, 1975, 82 (6).

21. Copacino Willian C. "Supply Chain Management—the Basics and Beyond", Boston: The St Lucie Press, 1997: 1 – 15.

22. Danyang Z., Don chuan S., Weiping Y. "The Factors Affect Value Chain in Chinese Textiles Export Industry and the Strategy to Improve Competitive Advantage in Chinese Foreign Trade Enterprise", Brisbane: ACESA, 2004: 18 – 19.

23. David A. Glassner, Patrick R. Gruber. "Building a Sustainable agriculture System for Production Food and Energy: The Role of Fuel", Ethanol 18th Annual International Fuel Ethanol Workshop&Tradeshow (FEW) Jun 25 – 28, 2002 Springfield, 2002 (2) 1 – 27.

24. De Chernatory, McDonald. "Creating Powerful Brands", Oxford: Buderworth Heinermann, 1998.

25. De Chernatory. "The managerial Challenge of Brand Diversity", The Journal of Brand Management, 1996 (3).

26. Du Yi fei, Jiang Guojun, Li Shirring. "Industrial Vertical Definition", Journal of System Science and Information, 2004, V01. 2, No. 2: 389 – 394.

27. Ehrenberg, A., Barnard, N. Scriven, J. "Differentiation or Salience", Journal of Advertising Research, 1997 (37).

28. Erdem, T. Swait, J. "Brand Equity as a Signaling Phenomenon", Journal of Consumer Psychology, 1998, 7 (2).

29. Gardner, B. B., Levy S. J. "The Product and the Brand", Boston: Harvard Business Review, 1955 (6).

30. Helenm, R. "Brand Chartering Getting to a Common Understanding of the Brand", The Journal of Brand Management, 1995 (2).

31. Henri C. Dekker. "Value Chain Analysis Research, in Inter firm Relationships: A Field study", Management Accounting, 2003, (14): 1 – 23.

32. Hunt S. D., R. M. Morgan. "The Competitive Advantage Theory of Competition", Journal of Marketing, 1995 (58): 1 – 15.

33. Kamakura, W. A. Rusell, G. A. "Scanner – based Measure of Brand Equity", Research Proposal Presented at MSI Workshop on Brand Equity, 1990 (4).

34. Keller. K. L. "Measuring and Managing Customer – based Brand Equity", Journal of Marketing, 1993, 57 (Jan.).

35. Krishnan. H. S. "Characteristics of Memory Associations: A consumer – based Brand Equity Perspective", International Journal of Research in Marketing, 1996 (13).

36. Lannon. J. Peter Cooper. "Humanistic Advertising: A Holistic Cultural Perspective", International Journal of Advertising, 1993 (2).

37. Lukeman G. "Advertising's role in Managing Brand Equity What We Know from 179 Case Studies", In Transcript Proceedings, 641 Lexington Avenue, New York, 1995 (7).

38. Miller, S., Berry, L. "Brand Salience versus Brand Image Theories of Advertising Effectiveness", Journal of Advertising Research, 1998, 38 (Sep. – Oct.).

39. Mullen, M. Mainz, A. "Brands' Bids and Balance Sheets: Putting a Price on Protected Products", Acquisitions Monthly, 1989, 24 (Apt.).

40. Neves M. F., Zylbersztajn D., E. M. Neves. "The orange juice food chain. Proceedings of the 3rd International Conference on Chain Management in Agribusiness and the Food Industry", Wageningen Agricultural University Press, May 1998: 437-446.

41. Nowlis, S. M., Simonson. "The Effect of New Product Features on Brand Choice", Journal of Marketing Research, 1996 (2).

42. Park C. W., MacInnis D. J. and Jaworski B. J. "Strategic Brand Concept Image Management", Journal of Marketing, 1986 (50).

43. Paul F. "What Is Brand Equity and How Do You Measure It", Journal of the Market Research Society, 1996 (1).

44. Phillip W. Balsmeier and Wendell J. V.. "Supply Chain Management: A Time-Based Strategy", Industrial Management, September, 1996.

45. Prahalad C. K. and Hamel G.. "The Core Competence of The Corporation", Harvard Business Review, 1990 (5): 79-91.

46. Quin Francis J. "Reengineering the supply chain: An interview with Michael Hatmner", Supply Chain Management Review, 1999 (1): 20-26.

47. Rangaswamy, A. Burke, R. Oliva, T. A. "Brand Equity and the Extendibility of Brand Names", International Journal of Research in Marketing, 1993 (10).

48. Reynolds, T. J. Gutman, J. "Laddering Theory, Method, Analysis, and Interpretation", Journal of Advertising Research, 1988 (2-3).

49. Sheth, J. N. Newman, B. I. Gross, B. L. "Why We Buy What We Buy: A Theory of Consumption Value", Journal of Business Research, 1991, 22 (2).

50. Shipley, D. Hooley, G. J. Simon Wallase. "The Brand Name Development Process", International Journal of Advertising, 1988 (10).

51. Shocker, A. Weitz, B. A. "Perspective on Brand Equity Principles and Issues", Summary of Marketing Science Institute Conference, Cambridge, MA. Peport No. 88-104, 1988.

52. Shore, B. "Information Sharing in Global Supply Chain Systems", Journal of Global Information Technology Management, 2001, 4 (3): 27-50.

53. Simonson, I. S. "Experimental Evidence on the Negative Effect of Product

Features and Sales Promotions on Brand Choice", Marketing Science, 1994 (13).

54. Sitnon Crooom, Pietro Romano, Mihalis Giannakis. "Supply chain management: an analytical framework for critical literature review", European Journal of Purchasing & Supply Management, 2000 (6): 67 – 83.

55. Tauber. E. M. "Brand Image: Strategic for Growth in a Cost – controlled World", Journal of Advertising Research, 1988 (8 – 9).

56. Whan Park, Jaworski B. J., Maclnnis D. J. "Strategic Brand Concept – image Management", Journal of Marketing, 1986 (6).

57. 博亚. 品牌战略规划的五大核心 [J]. 管理世界, 2007 (5).

58. 蔡宇. 关于产业链理论架构与核心问题的思考 [J]. 财经论坛, 2006 (9).

59. 陈朝隆, 陈烈. 区域产业链的理论基础、形成因素与动力机制 [J]. 热带地理, 2007 (3): 126 – 131.

60. 陈令军. 基于文化视角的体育用品品牌构建研究 [D]. 西北农林科技大学, 2010.

61. 陈颇. 中国知名体育用品品牌形象的结构模型 [J]. 武汉体育学院学报, 2012, 46 (10): 39 – 46

62. 陈文晖. 我国软件产业链: 国际借鉴、存在问题与培育对策 [J]. 中国工业经济, 2002 (11): 47 – 53.

63. 陈云岗. 品牌观察 [M]. 北京: 中信出版社, 2002.

64. 陈云岗. 品牌规划 [M]. 北京: 中国人民大学出版社, 2004.

65. 戴平生. 从体育用品市场看品牌经营 [J]. 农村经济, 2004 (1).

66. 邓汉慧, 张子刚. 组织内利益主体冲突与协调机制研究 [J]. 财会月刊, 2004 (6): 62 – 63.

67. 杜义飞, 蒋国俊, 李仕明. 双向动态博弈下中国产品价格范围的研究 [J]. 预测, 2005 (1): 68 – 71.

68. 杜义飞, 李仕明, 李心芹. 供应链的价值分配研究预测 [J]. 预测, 2005 (4): 44 – 48.

69. 杜义飞, 李仕明. 产业价值链: 价值战略的创新形式 [J]. 科学学研究, 2004 (5): 552 – 556.

70. 杜义飞，李仕明．供应链中间产品动态价格震荡系统及其收敛性分析［J］．控制与决策，2005（6）：646－649．

71. 菲利普·科特勒，凯文·莱恩·凯勒．营销管理第14版［M］．王永贵等译．北京：中国人民大学出版社，2012．

72. 符国群．消费者对品牌延伸的评价［J］．管理学报，2008（7）．

73. 高静美等．企业网络中的信任机制及信任差异性分析［J］．南开管理评论，2004（3）．

74. 龚勤林．产业链接通的经济动因与区际效应研究［J］．理论与改革，2004（3）．

75. 龚勤林．产业链延伸的价格提升与研究［J］．价格理论与实践，2003（3）．

76. 龚勤林．论产业链的延伸与统筹区域发展［J］．经济学家，2004（3）．

77. 龚勤林．区域产业链研究［D］．四川大学博士学位论文，2004．

78. 国际品牌标准工程组织．国际标准化手册［M］．北京：人民出版社，2005．

79. 郝乐．李宁体育用品品牌换标背后的战略思考［J］．体育研究与教育，2011，26（4）：13－16．

80. 何建民．两方品牌理论评述［J］．上海商业，2001（11）．

81. 何孝德．轿车品牌形象的因素结构研究［D］．复旦大学博士学位论文，2006（3）．

82. 胡大立．企业竞争力决定因素及其形成机理分析［M］．北京：经济管理出版社，2005．

83. 胡晓云等．品牌归于运动［M］．杭州：浙江大学出版社，2003．

84. 黄璐．中国体育用品产业发展的思维陷阱——李宁品牌困局的启示［J］．体育与科学，2014，35（1）：97－103．

85. 黄胜兵，卢泰宏．品牌结构的战略选择：公司品牌与独立品牌［J］．中国流通经济，2000（8）．

86. 纪淑娴．企业集群信任机制的分析［J］．管理现代化，2005（4）：16－18．

87. 季入祥．我国品牌竞争力的弱势成因及治理［J］．财贸经济，2002

(7).

88. 贾英. 基于符号学理论的旅游景区品牌塑造研究 [D]. 陕西师范大学博士学位论文, 2009.

89. 蒋国俊, 杜义飞. 产业链中间产品定价范围的研究 [J]. 经济师, 2003 (12): 21-23.

90. 蒋国俊, 蒋明新. 产业链理论及其稳定机制研究 [J]. 重庆大学学报, 2004, 10 (1): 36-38.

91. 巨天中. 品牌战略 [M]. 北京: 中国经济出版社, 2004.

92. 凯文·德劳鲍夫. 品牌生存 [M]. 北京: 电子工业出版社, 2003.

93. 凯文·凯勒. 战略品牌管理 (第四版) [M]. 吴水龙, 何云译. 北京: 中国人民大学出版社, 2014.

94. 凯文·莱恩·凯勒. 战略品牌管理. [M]. 李乃和等译. 北京: 中国人民大学出版社, 2003.

95. 莱斯利·德. 品牌制胜 [M]. 北京: 中信出版社, 2002.

96. 李德立. 中国体育产业化的品牌经营战略 [D]. 东北林业大学博士学位论文, 2006.

97. 李功奎, 应瑞瑶. 柠檬市场与制度安排 [J]. 体育技术经济, 2004 (3).

98. 李仕明. 产权理论和国有产权制度改革 [J]. 经济研究, 1995 (2).

99. 李万立. 转型时期中国旅游产业链建设浅析 [J]. 社会科学家, 2005 (1).

100. 李心芹, 杜义飞等. 产业链中间产品动态定价研究 [J]. 经济师, 2005 (3).

101. 李心芹, 李仕明, 兰永. 产业链结构类型研究 [J]. 电子科技大学学报 (社会科学版), 2004, 6 (4).

102. 刘大可. 产业链中企业与供应商的权力关系分析 [J]. 江苏社会科学, 2001 (3).

103. 刘刚. 基于产业链的知识转移与创新结构研究 [J]. 商业经济与管理, 2005, (11).

104. 刘贵富, 成晨. 产业链的"内含链"研究 [J]. 学术交流, 2007

（12）．

105．刘贵富，赵英才．产业链：内涵、特性及其表现形式［J］．财经理论与实践，2006（5）．

106．刘贵富，赵英才．产业链的分类研究［J］．学术交流，2006（8）．

107．刘贵富．产业链的基本内涵研究［J］．工业技术经济，2007（8）．

108．刘贵富．产业链基本理论研究［D］．吉林大学博士学位论文，2006．

109．刘贵富．产业链形成机理的理论模型［J］．河南社会科学，2009，17（1）．

110．刘贵富．产业链研究现状综合述评［J］．工业技术经济，2006（4）．

111．刘华军．新制度经济学与品牌济学分析范式的比较研究［J］．山东经济，2007（9）．

112．卢泰宏．基于品牌关系的品牌理论［J］．商业经济与管理，2003（2）．

113．卢泰宏．整体品牌设计［M］．广州：广东人民出版社，1998．

114．卢现祥．西方新制度经济学［M］．北京：中国发展出版社，2003．

115．陆娟．现代企业品牌发展战略［M］．南京：南京大学出版社，2004．

116．麀晓莉．李宁品牌对中国体育用品品牌创建的启示［D］．上海外国语大学硕士学位论文，2014．

117．马红霞．品牌定位浅析［J］．市场营销导刊，2006（2）．

118．马丽娟．供应链企业间的委托代理理论及道德风险的防范［J］．商业研究，2003（9）．

119．迈克尔·波特．竞争战略［M］．北京：华夏出版社，2001．

120．迈克尔·波特．日本还有竞争力吗［M］．北京：中信出版社，2002．

121．穆俊峰，穆俊秋．中国体育用品品牌发展现状及其存在问题分析［J］．吉林体育，2010（8）．

122．芮明杰，刘明宇．产业链整合理论述评［J］．产业经济研究，2006（3）．

123．邵昶．"三维需求空间"中的柱型产业链——对产业链生成机制的阐释［J］．湖南体育大学学报（社会科学版），2006，7（1）．

124．盛亚军等．吉林省绿色体育用品品牌文化含量测度实证研究［J］．税务与经济, 2008 (2).

125. 斯蒂格利茨. 经济学（第二版）[M]. 梁小民译. 北京：中国人民大学出版社, 2000.

126. 宋昱. 我国本土体育用品品牌营销的问题与策略 [J]. 体育文化导刊, 2013 (11).

127. 孙国栋, 王宁. 基于博弈论的产业链稳定性问题研究 [J]. 科技进步与对策, 2006 (9).

128. 唐小我. 无外部市场条件下中间产品转移价格的研究 [J]. 管理学学报, 2002 (5).

129. 王国才. 供应链管理与体育产业链关系初探 [J]. 科学学与科学技术管理, 2003 (4).

130. 王海忠, 刘海燕. 品牌杠杆——整合资源赢得品牌领导地位的新模式 [J]. 外国经济与管理, 2009, 31 (5).

131. 王海忠. 品牌测量与提升 [M]. 北京：清华大学出版社, 2006.

132. 王军. 产业组织演化：理论与实证 [M]. 北京：经济科学出版社, 2008.

133. 王新新. 新竞争力 [M]. 长春：长春出版社, 2000.

134. 王永贵. 服务质量、顾客满意与顾客价值的关系剖析 [J]. 武汉理工大学学报（社会科学版）, 2002 (6).

135. 王永贵, 张炜. 关系活动、关系质量和关系收益——基于顾客视角的实证研究 [A]. 中国市场学会 2006 年年会暨第四次全国会员代表大会论文集 [C]. 2006.

136. 王永龙. 21 世纪品牌运营方略 [M]. 北京：人民邮电出版社, 2003.

137. 王永龙. 中国品牌运营问题报告 [M]. 北京：中国发展出版社, 2004.

138. 韦福祥. 品牌国际化：模式选择与度量 [J]. 天津商学院学报, 2001 (1).

139. 文红为. 体育用品品牌知名度影响因素研究 [J]. 武汉体育学院学报, 2014, 11 (11).

140. 吴建安. 市场营销学 [M]. 北京：高教出版社, 2003.

141. 吴金明，邵昶．产业链形成机制研究——"4+4+4"模型［J］．中国工业经济，2006（40）．

142. 吴英．动态联盟中防范风险的激励—监督机制研究［J］．科技与管理，2005（2）．

143. 席玉宝．中国体育用品产业与市场实证研究［M］．北京：体育大学出版社，2005．

144. 徐金海．体育用品市场中的"柠檬问题"及其解决思路［J］．当代经济研究，2002（8）．

145. 徐文．重视品牌质量为消费者保驾护航——安踏体育用品有限公司品牌发展之路［N］．中国质量报，2012-03-19．

146. 杨德颖．商业大辞典［M］．北京：中国财政经济出版社，1990．

147. 杨公朴，夏大慰．产业经济学教程［M］．上海：上海财经大学出版社，2002．

148. 杨慧，李建军．市场营销学（第三版）［M］．北京：中国社会科学出版社，2011．

149. 杨小力，杨林岩等．基于委托代理理论的企业供应链激励机制分析［J］．经济问题，2006（4）．

150. 姚齐源，宋武生．有计划商品经济的实现模式——区域市场［J］．天府新论，1985（3）．

151. 于洪波．"搭便车"问题的制度分析［J］．中共青岛市委党校学报，2006（3）．

152. 余明阳，杨芳平．品牌学教程（第二版）［M］．上海：复旦大学出版社，2009．

153. 张福利．无外部市场条件下中间产品转移价格的博弈分析与决策［J］．中国管理科学，2003（3）．

154. 张维迎．信息、信任与法律［M］．上海：三联书店出版社，2003．

155. 张伟华，陈志辉，李兵．消费者视角下构建我国体育用品国际品牌的思考［J］．体育与科学，2012，33（4）．

156. 张小军，石明明．基于产业链的产业势力模型研究［J］．当代经济科学，2009（7）．

157. 赵飞鸿. 我国连锁经营的品牌管理方略［J］. 科学与管理，2005（2）.

158. 郑学益. 构筑产业链，形成核心竞争力［J］. 福建改革，2000（8）.

159. 祝合良. 品牌创建与管理［M］. 北京：首都经济贸易大学出版社，2007.

附 录

体育用品本土品牌建设要素研究调查问卷

尊敬的先生/女士：

您好！本调查是为了完成体育用品本土品牌研究的课题而进行的。恳请并感谢您给予的合作。首先请您阅读几项说明：

1. 所有的调查信息仅仅用于学术研究，是严格保密的。

2. 您的意见无所谓"对"与"错"，您的**真实想法**对我们的研究具有十分重要的意义。

3. 完成整个问卷大约需要 10 分钟，请您在仔细阅读每部分的说明后，在您认为最合适的选项上打上"√"。诚挚感谢您对学术研究所做的贡献！

《体育用品本土品牌建设要素研究》课题组（2016 – 5 – 26）

背景知识：品牌知名度是指品牌被消费者知晓的程度。**品牌联想**是指看到品牌相关标识、符号或听到品牌名称等而想起这一品牌各种属性及其相关情况，主要包括品牌标识、名称、特征、属性及生产这一品牌产品的公司的一些情况。**质量与品质认知**是指消费者对体育用品本土品牌产品在满足消费者需求、解决消费者问题，并与竞争品牌进行比较后作出的总体价值评价，它超越了具体的产品或服务属性。**价格适中度**是指某本土品牌体育用品的价格定位是否适应该产品的品牌定位、质量水平、消费者认知等方面的衡量指标。**品牌忠诚**是指消费者对某一品牌在购买行为和情感口碑等方面的青睐。

附录　体育用品本土品牌建设要素研究调查问卷

一、下列是关于**体育用品品牌建设要素**的品牌知名度的一些说法，1~6 表示您赞同的程度，在您认为最合适的选项数字上打"√"。

	完全不赞同	基本不赞同	有点不赞同	有点赞同	基本赞同	完全赞同
1. ＊＊品牌体育用品的名称被他人提及，才知道这一体育用品品牌	1	2	3	4	5	6
2. ＊＊品牌体育用品的名称被有声媒体提及，才知道这一体育用品品牌	1	2	3	4	5	6
3. 听到＊＊品牌体育用品的有关信息，才知道这一体育用品品牌	1	2	3	4	5	6
4. 看到＊＊体育用品的标识，才知道这一体育用品品牌	1	2	3	4	5	6
5. 看到＊＊体育用品有关信息，才知道这一体育用品品牌	1	2	3	4	5	6
6. ＊＊品牌体育用品的名称没有被他人提及，也知道这一体育用品品牌	1	2	3	4	5	6
7. ＊＊品牌体育用品的名称没有被有声媒体提及，也知道这一体育用品品牌	1	2	3	4	5	6
8. 没有听到＊＊品牌体育用品的有关信息，也知道这一体育用品品牌	1	2	3	4	5	6
9. 没有看到＊＊体育用品的标识，也知道这一体育用品品牌	1	2	3	4	5	6
10. 没有看到＊＊体育用品有关信息，也知道这一体育用品品牌	1	2	3	4	5	6
11. ＊＊品牌体育用品的质量安全可靠	1	2	3	4	5	6
12. ＊＊品牌体育用品是受到消费者接纳和欢迎的	1	2	3	4	5	6
13. ＊＊品牌体育用品是消费者信任的	1	2	3	4	5	6
14. ＊＊品牌体育用品是得到消费者共同认可的	1	2	3	4	5	6

二、下列关于**体育用品品牌建设要素**的品牌联想的说法，1~6表示赞同的程度，在您认为最合适的选项数字上打"√"。

	完全不赞同	基本不赞同	有点不赞同	有点赞同	基本赞同	完全赞同
15. 听到**品牌体育用品的名称，你会联想到该品牌的品质质量	1	2	3	4	5	6
16. 听到**品牌体育用品的代言人名字、广告宣传及其相关报道，你会联想到该品牌的品质质量	1	2	3	4	5	6
17. 看到**品牌体育用品的名称，你会联想到该品牌的品质质量	1	2	3	4	5	6
18. 看到**品牌体育用品的相关标识，你会联想到该品牌的品质质量	1	2	3	4	5	6
19. 看到**品牌体育用品的广告宣传及相关报道，你会联想到该品牌的品质质量	1	2	3	4	5	6
20. 听到**品牌体育用品的名称，你会联想到该品牌的品牌个性	1	2	3	4	5	6
21. 听到**品牌体育用品的代言人名字、广告宣传及其相关报道，你会联想到该品牌的品牌个性	1	2	3	4	5	6
22. 看到**品牌体育用品的名称，你会联想到该品牌的品牌个性	1	2	3	4	5	6
23. 看到**品牌体育用品的相关标识，你会联想到该品牌的品牌个性	1	2	3	4	5	6
24. 看到**品牌体育用品的广告宣传及相关报道，你会联想到该品牌的品牌个性	1	2	3	4	5	6
25. 听到**品牌体育用品的名称，你会联想到该品牌的整体品牌形象	1	2	3	4	5	6
26. 听到**品牌体育用品的代言人名字、广告宣传及其相关报道，你会联想到该品牌的整体品牌形象	1	2	3	4	5	6
27. 看到**品牌体育用品的名称，你会联想到该品牌的整体品牌形象	1	2	3	4	5	6
28. 看到**品牌体育用品的相关标识，你会联想到该品牌的整体品牌形象	1	2	3	4	5	6
29. 看到**品牌体育用品的广告宣传及相关报道，你会联想到该品牌的整体品牌形象	1	2	3	4	5	6

续表

	完全不赞同	基本不赞同	有点不赞同	有点赞同	基本赞同	完全赞同
30. 听到**品牌体育用品的名称，你会联想到该品牌所属企业的责任状况	1	2	3	4	5	6
31. 听到**品牌体育用品的代言人名称、广告宣传及其相关报道，你会联想到该品牌所属企业的责任状况	1	2	3	4	5	6
32. 看到**品牌体育用品的名称，你会联想到该品牌所属企业的责任状况	1	2	3	4	5	6
33. 看到**品牌体育用品的相关标识，你会联想到该品牌所属企业的责任状况	1	2	3	4	5	6
34. 看到**品牌体育用品的广告宣传及相关报道，你会联想到该品牌所属企业的责任状况	1	2	3	4	5	6
35. 听到**品牌体育用品的名称，你会联想到该品牌所属企业的信誉状况	1	2	3	4	5	6
36. 听到**品牌体育用品的代言人名称、广告宣传及其相关报道，你会联想到该品牌所属企业的信誉状况	1	2	3	4	5	6
37. 看到**品牌体育用品的名称，你会联想到该品牌所属企业的信誉状况	1	2	3	4	5	6
38. 看到**品牌体育用品的相关标识，你会联想到该品牌所属企业的信誉状况	1	2	3	4	5	6
39. 看到**品牌体育用品的广告宣传及相关报道，你会联想到该品牌所属企业的信誉状况	1	2	3	4	5	6

三、下列是关于**体育用品品牌建设要素**的品牌品质认知的一些说法，1~6表示您赞同的程度，在您认为最合适的选项数字上打"√"。

	完全不赞同	基本不赞同	有点不赞同	有点赞同	基本赞同	完全赞同
40. **体育用品品牌是国家驰名商标	1	2	3	4	5	6
41. **体育用品品牌是国家知名品牌	1	2	3	4	5	6
42. **体育用品品牌产品是国家免检产品	1	2	3	4	5	6

续表

	完全不赞同	基本不赞同	有点不赞同	有点赞同	基本赞同	完全赞同
43. **体育用品品牌产品符合国家质量检测标准	1	2	3	4	5	6
44. 由于**品牌具有的品牌个性,您在检索体育用品信息时会关注它	1	2	3	4	5	6
45. 由于**品牌具有的品牌个性,您初次购买**品牌体育用品时会购买它	1	2	3	4	5	6
46. 由于**品牌具有的品牌个性,您再次购买**品牌体育用品时会购买它	1	2	3	4	5	6
47. 由于**品牌具有的品牌个性,您会向周围人推荐**品牌的体育用品	1	2	3	4	5	6
48. 由于**品牌具有的品牌形象,您在检索体育用品信息时会关注它	1	2	3	4	5	6
49. 由于**品牌具有的品牌形象,您初次购买**品牌体育用品时会购买它	1	2	3	4	5	6
50. 由于**品牌具有的品牌形象,您再次购买**品牌体育用品时会购买它	1	2	3	4	5	6
51. 由于**品牌具有的品牌形象,您会向周围人推荐**品牌的体育用品	1	2	3	4	5	6

四、下列是关于**体育用品品牌建设要素**的价格适中度的一些说法,1~6表示重要性的程度,在您认为最合适的选项数字上打"√"。

	非常不重要	不重要	比较不重要	比较重要	重要	非常重要
52. **品牌体育用品的定价与其市场地位相符合	1	2	3	4	5	6
53. **品牌体育用品的定价与其在消费者心目中的地位相符合	1	2	3	4	5	6
54. **品牌体育用品的定价与其产品质量水平相符合	1	2	3	4	5	6
55. **品牌体育用品的定价与其品牌地位相符合	1	2	3	4	5	6
56. **品牌体育用品的调价与其市场地位相符合	1	2	3	4	5	6

附录 体育用品本土品牌建设要素研究调查问卷

续表

	非常不重要	不重要	比较不重要	比较重要	重要	非常重要
57. ＊＊品牌体育用品的调价与其在消费者心目中的地位相符合	1	2	3	4	5	6
58. ＊＊品牌体育用品的调价与其产品质量水平相符合	1	2	3	4	5	6
59. ＊＊品牌体育用品的调价与其品牌地位相符合	1	2	3	4	5	6

五、下列是关于**体育用品品牌建设要素中**的品牌忠诚度的一些说法，1～6表示您赞同的程度，在您认为最合适的选项数字上打"√"。

	完全不赞同	基本不赞同	有点不赞同	有点赞同	基本赞同	完全赞同
60. 你经常购买＊＊品牌的体育用品	1	2	3	4	5	6
61. 你喜欢购买＊＊品牌的体育用品	1	2	3	4	5	6
62. ＊＊品牌的体育用品是您的第一选择	1	2	3	4	5	6
63. 只要市场上有＊＊品牌的体育用品，您不会选择其他同类产品	1	2	3	4	5	6
64. 您一直坚持向您的亲朋好友推荐＊＊品牌的体育用品	1	2	3	4	5	6
65. 您喜欢向您的亲朋好友推荐＊＊品牌的体育用品	1	2	3	4	5	6
66. 您经常向您周围的人说＊＊品牌体育用品的好话	1	2	3	4	5	6
67. 您经常向您周围的人宣传推广＊＊品牌的体育用品	1	2	3	4	5	6
68. 您觉得＊＊品牌体育用品很有市场	1	2	3	4	5	6
69. 您觉得＊＊品牌体育用品很受消费者欢迎	1	2	3	4	5	6
70. 您觉得消费者很喜欢购买＊＊品牌体育用品	1	2	3	4	5	6
71. 您觉得＊＊品牌体育用品市场占有率较高	1	2	3	4	5	6

六、问卷问题到此结束，请留下您的个人资料，您提供的资料将绝对保密，仅作学术研究之用。

1. 您的性别是：

   男——1　　　　　　女——2

2. 您的婚姻状况是：

已婚——1　　　　　　未婚——2　　　　　　其他——3

3. 您的常住地址是：_____省_____市

4. 您的年龄（周岁）在下面哪个范围中？

18周岁及以下——1　　　19~24周岁——2　　　25~30周岁——3

31~35周岁——4　　　　36~40周岁——5　　　41~50周岁——6

51~60周岁——7　　　　60周岁以上——8

5. 请问您受教育程度？我们指的是你已经获得的最后学历（学位）或正在接受的教育层次。

专科以下——1　　　　大学专科——2　　　　大学本科——3

硕士学位——4　　　　博士学位——5

6. 您的工作情况（单选）：

有工作——1　　　　　　　　　　离（退）休在家——2

失业（含下岗、待业）——3　　　在学——4

不需要工作——5　　　　　　　　在家休养（治疗或养病）——6

7. 请问您目前的职业？（单选）

公司职员——1　　　　企业工人——2　　　　个体工商户——3

学生——4　　　　　　事业单位职工——5　　公务员——6

自由职业——7　　　　其他——8

8. 请问您的家庭平均每月总收入在以下哪个范围中？（单选）

3000元以下——1　　　3000~4999元——2　　　5000~6999元——3

7000~8999元——4　　　9000~11999元——5　　12000~13999元——6

14000~15999元——7　　16000~17999元——8　　18000元以上——9

【本问卷到此结束，谢谢您的合作！】